思想学术系列

文明起源史话

A Brief History of
Origin of Civilization in China

杜金鹏　焦天龙 / 著

社会科学文献出版社
SOCIAL SCIENCES ACADEMIC PRESS (CHINA)

图书在版编目（CIP）数据

文明起源史话/杜金鹏，焦天龙著. —北京：社会
科学文献出版社，2011.9
（中国史话）
ISBN 978 - 7 - 5097 - 2330 - 2

Ⅰ.①文… Ⅱ.①杜… ②焦… Ⅲ.①文化起源
（考古）- 中国 Ⅳ.①K87

中国版本图书馆 CIP 数据核字（2011）第 111420 号

"十二五"国家重点出版规划项目

中国史话·思想学术系列

文明起源史话

著　　者／杜金鹏　焦天龙

出 版 人／谢寿光
总 编 辑／邹东涛
出 版 者／社会科学文献出版社
地　　址／北京市西城区北三环中路甲 29 号院 3 号楼华龙大厦
邮政编码／100029

责任部门／人文科学图书事业部　（010）59367215
电子信箱／renwen@ ssap. cn
责任编辑／赵子光　赵　亦
责任校对／戴　赟
责任印制／岳　阳
总 经 销／社会科学文献出版社发行部
　　　　　（010）59367081　59367089
读者服务／读者服务中心（010）59367028

印　　装／北京画中画印刷有限公司
开　　本／889mm×1194mm　1/32　印张／5.75
版　　次／2011 年 9 月第 1 版　　字数／103 千字
印　　次／2011 年 9 月第 1 次印刷
书　　号／ISBN 978 - 7 - 5097 - 2330 - 2
定　　价／15.00 元

总　序

　　中国是一个有着悠久文化历史的古老国度，从传说中的三皇五帝到中华人民共和国的建立，生活在这片土地上的人们从来都没有停止过探寻、创造的脚步。长沙马王堆出土的轻若烟雾、薄如蝉翼的素纱衣向世人昭示着古人在丝绸纺织、制作方面所达到的高度；敦煌莫高窟近五百个洞窟中的两千多尊彩塑雕像和大量的彩绘壁画又向世人显示了古人在雕塑和绘画方面所取得的成绩；还有青铜器、唐三彩、园林建筑、宫殿建筑，以及书法、诗歌、茶道、中医等物质与非物质文化遗产，它们无不向世人展示了中华五千年文化的灿烂与辉煌，展示了中国这一古老国度的魅力与绚烂。这是一份宝贵的遗产，值得我们每一位炎黄子孙珍视。

　　历史不会永远眷顾任何一个民族或一个国家，当世界进入近代之时，曾经一千多年雄踞世界发展高峰的古老中国，从巅峰跌落。1840 年鸦片战争的炮声打破了清帝国"天朝上国"的迷梦，从此中国沦为被列强宰割的羔羊。一个个不平等条约的签订，不仅使中国大量的白银外流，更使中国的领土一步步被列强侵占，国库亏空，民不聊生。东方古国曾经拥有的辉煌，也随着西方列强坚船利炮的轰击而烟消云散，中国一步步堕入了半殖民地的深渊。不甘屈服的中国人民也由此开始了救国救民、富国图强的抗争之路。从洋务运动到维新变法，从太平天国到辛亥革命，从五四运动到中国共产党领导的新民主主义革命，中国人民屡败屡战，终于认识到了"只有社会主义才能救中国，只有社会主义才能发展中国"这一道理。中国共产党领导中国人民推倒三座大山，建立了新中国，从此饱受屈辱与蹂躏的中国人民站起来了。古老的中国焕发出新的生机与活力，摆脱了任人宰割与欺侮的历史，屹立于世界民族之林。每一位中华儿女应当了解中华民族数千年的文明史，也应当牢记鸦片战争以来一百多年民族屈辱的历史。

当我们步入全球化大潮的 21 世纪，信息技术革命迅猛发展，地区之间的交流壁垒被互联网之类的新兴交流工具所打破，世界的多元性展示在世人面前。世界上任何一个区域都不可避免地存在着两种以上文化的交汇与碰撞，但不可否认的是，近些年来，随着市场经济的大潮，西方文化扑面而来，有些人唯西方为时尚，把民族的传统丢在一边。大批年轻人甚至比西方人还热衷于圣诞节、情人节与洋快餐，对我国各民族的重大节日以及中国历史的基本知识却茫然无知，这是中华民族实现复兴大业中的重大忧患。

中国之所以为中国，中华民族之所以历数千年而不分离，根基就在于五千年来一脉相传的中华文明。如果丢弃了千百年来一脉相承的文化，任凭外来文化随意浸染，很难设想 13 亿中国人到哪里去寻找民族向心力和凝聚力。在推进社会主义现代化、实现民族复兴的伟大事业中，大力弘扬优秀的中华民族文化和民族精神，弘扬中华文化的爱国主义传统和民族自尊意识，在建设中国特色社会主义的进程中，构建具有中国特色的文化价值体系，光大中华民族的优秀传统文化是一件任重而道远的事业。

当前，我国进入了经济体制深刻变革、社会结构深刻变动、利益格局深刻调整、思想观念深刻变化的新的历史时期。面对新的历史任务和来自各方的新挑战，全党和全国人民都需要学习和把握社会主义核心价值体系，进一步形成全社会共同的理想信念和道德规范，打牢全党全国各族人民团结奋斗的思想道德基础，形成全民族奋发向上的精神力量，这是我们建设社会主义和谐社会的思想保证。中国社会科学院作为国家社会科学研究的机构，有责任为此作出贡献。我们在编写出版《中华文明史话》与《百年中国史话》的基础上，组织院内外各研究领域的专家，融合近年来的最新研究，编辑出版大型历史知识系列丛书——《中国史话》，其目的就在于为广大人民群众尤其是青少年提供一套较为完整、准确地介绍中国历史和传统文化的普及类系列丛书，从而使生活在信息时代的人们尤其是青少年能够了解自己祖先的历史，在东西南北文化的交流中由知己到知彼，善于取人之长补己之短，在中国与世界各国愈来愈深的文化交融中，保持自己的本色与特色，将中华民族自强不息、厚德载物的精神永远发扬下去。

《中国史话》系列丛书首批计 200 种，每种 10 万字左右，主要从政治、经济、文化、军事、哲学、艺术、科技、饮食、服饰、交通、建筑等各个方面介绍了从古至今数千年来中华文明发展和变迁的历史。这些历史不仅展现了中华五千年文化的辉煌，展现了先民的智慧与创造精神，而且展现了中国人民的不屈与抗争精神。我们衷心地希望这套普及历史知识的丛书对广大人民群众进一步了解中华民族的优秀文化传统，增强民族自尊心和自豪感发挥应有的作用，鼓舞广大人民群众特别是新一代的劳动者和建设者在建设中国特色社会主义的道路上不断阔步前进，为我们祖国美好的未来贡献更大的力量。

陈奎元

2011 年 4 月

⊙杜金鹏

作者小传

　　杜金鹏，考古学家、文化遗产保护专家，中国社会科学院考古研究所研究员、文化遗产保护研究中心主任，中国社会科学院研究生院教授，中国考古学会理事。长期从事夏商考古工作，编著出版学术著作和科普著作18部，发表论文百余篇，科研成果多次获国家和省部级奖，享受国务院政府特殊津贴。近十年来，积极探索考古遗址保护，推动文化遗产保护学科建设。主持、参与编制一系列考古遗址保护规划。

目　录

一 文明与文明起源

 什么叫"文明"

"文明"是一个含义较广的多义词，1976年出版的《韦氏国际词典》所罗列的定义就有7种之多。本书所说文明的含义，是历史学界对文明较为一致的解释，指人类历史发展的一个高级阶段，这一阶段摆脱了原始社会状态，国家已经产生，并具有一系列较高水平的文化。

一个社会的文化发展到什么样的水平才能称为"文明"，历来是一个众说纷纭的问题。100多年前，美国人类学家摩尔根按照从低级到高级的顺序，将人类历史划分为蒙昧时代、野蛮时代和文明时代，其中文明时代开始的标志就是"标音字母的发明和文字的使用"。恩格斯则精辟地指出，文明的本质特征是国家的存在，"国家是文明社会的概括"。20世纪50年代，英国考古学家柴尔德将城市的出现作为文明时代开始的标志，并称其为人类历史上的"城市革命"。他罗列了早期城市生活的十大特征，包括密集的人口、巨大的公共建筑、以国王为中心的统治阶级、文字的发明、高超的艺术、远程贸易等方面。自柴尔德以后，世界上有许多学者为文明社会特征开列了各种清单，如美国人类学家克拉克洪说，古代文明具有三项特征：居民不少于 5000 人的城市、文字、复杂的礼仪中心。中国考古学家夏鼐说文明具有四大特征：国家、城市、文字和金属器，除了国家组织以外，文字是区分史前文化和文明的最重要标志。

总而言之，文明社会是人类历史上继史前社会之后的一个高级的发展阶段，与史前社会相比，具有更为复杂的社会结构、较高的物质生产和文化水平，其中，国家组织和制度的存在是其最本质的特征。文明社会所具有的一系列特征都不是突然出现的，而是在史前时代漫长的社会进化过程中逐渐形成的。文明植根于史前的文化，文明的起源史就是构成文明社会的各种因素在史前时代产生、演进、聚合、升华的历史过程。

 中国文明起源的研究

中国是世界最早的文明古国之一。但在 13 世纪《马可·波罗游记》出版以前，中国文明在西方人的知识结构中还是一片空白。成吉思汗及其子孙们的强弓弩箭击碎了西方人独尊的美梦，也踏平了中西交通的沟沟坎坎。随着四大发明的西传和西方旅行家、传教士的相继东来，中国文明作为东方文明的代表被越来越多的西方人所探求。他们惊讶于中国文明的辉煌灿烂，甚至不相信在遥远的东方会生长出如此发达的文明。于是，当中国的明清皇帝仍以天朝独尊的时候，西方学者已在讨论中国文明的根源问题了。按照当时欧洲人研究文明起源的思维定式，首先想到的便是上帝的老家——近东地区。神学家们宣称，中国人就是诺亚的子孙，是古代的巴比伦人不畏千辛万苦来到中国，塑造了中国的文明。

这种被称为"中国文明西来说"的学说，受到相当一部分学者，尤其是中国学者的尖锐批评。早在 20 世纪初，中国学者就指责宣扬"西来说"的西方人犯了生吞活剥的毛病，摭拾一鳞半爪，强加附会，造出种种奇怪的学说。新的考古发现，也使"西来说"的臆想不攻自破。1927 年，在北京周口店发现了距今 46 万~23 万年的猿人化石及其文化遗存，证明中国也是早期人类的生存地之一。1928 年河南安阳殷墟发掘，发现了灿烂的殷商青铜文明。1930 年山东龙山镇城子崖发掘，发现了以精致的黑陶为特征的龙山文化。随后又在安阳后岗发现了河南龙山文化与小屯殷商文明的先后叠压关系。这些都证明中国文明自有源头，使得"西来说"受到了严重的挑战。中华人民共和国建立后，大量的新发现填补了中国文明渊源问题上的许多时空空白，中国文明、文化和人种的本土起源也越来越多地得到科学证明。中国文明是由中国人的祖先创造的，已成为人们的共识。

中国是具有五千年历史的文明古国，但直到 20 世纪 70 年代中期，考古学界仍有人认为以郑州商城和安阳殷墟为代表的商文化是中国文明的开始。1977 年后，古文字学家唐兰分析了山东大汶口文化新发现的陶符，认为这些符号就是文字，中国文明从大汶口文化时期就已开始，距今已有 6000 年的历史。但是，许多人对此持有异议。1983 年，考古学家夏鼐提出处于夏末商初的二里头文化晚期"已达到了文明的阶段"，"比二里头更早的各文化，似乎都是属于中国的史前时期"，这一观点代表了 80 年代初学术界对中国文明起源时间较普遍的认识。80 年代中期以后，一系列距今 5000 年左右的遗址出土了文化层次较高的遗存，又使文明的起源成为争论的焦点。

这些争论涉及中国文明起源的时间、中国文明的形成过程、中国早期文明的基本内涵与特征等一系列重大问题。尽管如此，大多数学者都承认，任何文明都是不会突然出现的，文明的形成过程就是文化不间断的累积过程。中国文明的形成过程，就是随着社会的进化，各种文明因素的累积过程。夏王朝时期，中国文明已经成熟；进入商代，中国文明已经十分辉煌。至于文明的曙光照在华夏大地上，则是在夏王朝之前的事情了。如果将中国最早的文明比作一棵大树，那么先民们在漫长的史前时代所取得的种种成就，便是它赖以诞生的沃土。

二 旧石器时代的人与文化

 从猿到人

19 世纪中叶以前，欧洲流行着上帝造人的说教：据 17 世纪英国厄谢尔大主教的年历，第一个人是在公元前 4004 年被上帝创造出来的，牛津大学副校长莱特富特牧师则进一步"精确"地说，具体时间是在 10 月 23 日上午 9 时。

100 多年过去了，科学的发展早已粉碎了这一说教。古人类学以确凿的化石材料证明，人类的祖先是古猿。从猿进化到人，再由原始人类进化到现代人类，经历了 500 多万年的漫长岁月。根据分子生物学和古人类学的最新研究成果，人类的发展先后经历了 5 个大的阶段。

（1）南方古猿。已知最早的人科成员，生活于距今 500 万 ~ 100 万年。一般认为可分为两个类型，即"纤细型"和"粗壮型"。主要特征有：头骨比黑猩猩的要长和高，但比现代人的要短和低，平均脑量接近 500 毫升；面部前突，臼齿很大，门齿和犬齿则较小，两足已能直立行走，可能已使用简单的工具；生存的区域基本上是非森林的各种生态环境。

已发现的化石代表了 350 多个个体，主要分布于南非和东非两大区域。在中国湖北建始县发现的几个牙齿，被认为是南方古猿类，更可能是直立人的牙齿。

（2）能人。直立人的祖先，生活于距今 200 万 ~ 150 万年。化石主要发现于非洲的坦桑尼亚、肯尼亚和南非等地。脑量比南方古猿大，雄性为 700 ~ 800 毫升，雌性为 500 ~ 600 毫升；头后骨骼较似现代人，头骨颅内模的形态和沟回也与现代人近似，可能已有语言能力。后部牙齿仍很大。已能制造石器，在坦桑尼亚的奥杜韦发现了能人的石核、石片和石器等（被称作"奥杜韦文化"）。现在，能人已被作为最早的人属成员。中国目前还没有发现能人的化石。

（3）直立人。继能人之后人类发展的又一个阶段，生活于距今 200 万 ~ 20 万年，地质时代属更新世早期至中期，考古时期属旧石器时代早期。

直立人是荷兰人杜布哇最先于 1890 年在印度尼西亚发现的，随后又发现于亚洲南部和中部、非洲东部和西北部以及欧洲西部。中国发现的直立人化石较多，其中较重要的有距今 170 万年的云南元谋猿人，距今 80 万 ~ 65 万年的陕西蓝田猿人，距今 46 万 ~ 23 万年的北京猿人，距今 19 万 ~ 15 万年的安徽和县猿人等。

直立人的头骨扁平，平均脑量 800 ~ 1200 毫升；眶上脊粗壮，可突出 15 毫米，颅底枕骨大孔的位置较靠前，后部牙齿变小；平均身高为 160 厘米，平均体重 60 公斤。我国的直立人在演化上已显示出一系列特征，如矢状脊、铲形门齿、阔鼻、扁平的面部、较垂直的鼻骨、上颌骨颧突与颧骨交接处形成显著的转折等，这些特征经由漫长的更新世一直延续到现代蒙古人种身上。

（4）早期智人。又称"远古智人"、"古人"。生活于距今 25 万~4 万年的更新世中期到晚期，考古时代属旧石器时代中期。迄今已在亚洲、欧洲和非洲的 70 余个地点发现了早期智人的化石。中国发现早期智人化石的有辽宁金牛山人、陕西大荔人、贵州桐梓人、广东马坝人、山西许家窑人、安徽银山人、湖北长阳人和山西丁村人等。

与直立人相比，早期智人已具有许多较进步的特征：脑量增大，平均在 1300 毫升以上，颅穹增高，眉脊由一字形变为八字形，脑颅增厚，颞鳞变高，下颌关节盂变宽变浅，枕骨大脑窝与小脑窝的比例变小，面部骨骼变弱，突颌度减弱等。还有一些地区性特征，如朝向前方的颧骨额蝶突前外侧面、上颌骨颧突下缘及其根部的特殊形态、扁塌的鼻梁、接近水平的额鼻额颌缝、矢状脊、向后凹入的眉间区、铲形上门齿等。这些特征表明，从直立人到早期智人，中国的古人类是连续进化的。有些学者推测，在早期智人阶段，中国就可能已居住着与欧洲不同的人种。

（5）晚期智人。又称"现代智人"、"新人"。指 4 万年前至现在的人类，是人类发展的最后阶段，属考古学上的旧石器时代晚期。晚期智人的化石几乎已遍布各大洲，中国境内就有 36 处，其中较具代表性的有北京山顶洞人、广西柳江人、四川资阳人、贵州穿洞人、内蒙古河套人等。

与早期智人相比，晚期智人的前部牙齿和面部已缩小，眉脊减弱，颅高增大。地区不同的自然选择作用，使人类体质形态出现了明显的差异，形成了不同的人种。

中国的晚期智人已具有黄色人种（蒙古人种）的大部分特征，如颧骨较大而向前突出，鼻骨低而宽，鼻梁稍凹，鼻根点不低陷，梨状孔宽，鼻前棘小，犬齿窝不明显，齿槽突颌程度中等，有下颌圆枕，铲形上门齿等。这些特征显示出，中国的晚期智人和现代黄种人具有进化的连续性，存在着亲缘传承关系。现代的中国人，就是这些化石祖先在漫长的进化过程中，不断改变自身，而同时又吸收了某些外来基因发展而成的。

旧石器时代的文化

旧石器时代是人类文化的童年，也是人类历史上最长的一个时期。中国的旧石器时代文化从 180 万年前出现，延续到距今 2 万 ~ 1 万年。我们的祖先在谋生的过程中，不断改造着自身，同时也创造了自己的文化。今天看似简陋笨拙的石器，当时却是最伟大的发明；不熄的篝火、光洁的装饰品以及在死者身上抛撒的朱砂，都寄托着他们的追求。这些发明和创造是后来一切文明赖以生长的最原始、最深层的根。

（1）旧石器时代早期的文化。黄河岸边的山西芮城县西侯度村后有一座名叫"人疙瘩"的小土山，1961 年和 1962 年，考古工作者在这里发掘出成批的动物化石，还有 30 余件石器、带有切割和刮削痕迹的鹿角、用火烧过的骨头等。这就是迄今所知我国最早的旧石器时代文化——西侯度文化。经科学测定，距今约 180 万年。

一般地讲，距今 180 万 ~ 15 万年的这一时期为中国的旧石器时代早期，打制石器及加工石器的料坯是这一时期的主要文化内涵，石器是最主要的谋生工具。当时人已懂得选取多种石料制造石器，常用的石料有石英、石英岩、燧石、砂岩、水晶等 40 余种，多是就近（距遗址一般不超过 5 公里）取自河滩或岩脉中风化出来的石块。在 100 多万年的时间中，石器的制造和类型经历了一个从简单到复杂的发展过程，并在后期形成了不同的技术传统和区域特点。

较早的西侯度文化，石器主要有刮削器、砍砸器和三棱大尖状器 3 个类型；其小型的漏斗状石核和有棱脊台面的石片，表明石器的制造工艺已达到了一定的水平。距今 46 万 ~ 23 万年的北京人文化，是早期旧石器时代中、后阶段的代表。北京人的石器工艺已比较成熟，能根据不同原料的特点选用不同的加工方法，制造出不同类型的较进步的石器。多种类型的刮削器、尖状器、手斧、石球，尤其是同期文化所罕见的雕刻器和石锥，反映出北京人在制造石器上已具有相当高的水平。不同技术风格的形成，是这一时期的显著特点。北方地区出现了大型石器传统和小型石器传统两种不同的风格。华南的大部分石器均由用锤击法打下的石片加工而成，形体较小，并以单面石器为主，多半具有两个以上的刃缘；石器类型主要是刮削器。

掌握了管理和控制火的技能，是这一时期人类最重要的成果之一。火可以驱除寒冷和黑暗，还能烤熟食物，使人类从此结束茹毛饮血的饮食方式。这是一件划时代的大事，各民族在自己的传说中，总是热情赞颂为人类带来这一福音的英雄人物，如燧人氏、普罗米修斯等。在已发现的旧石器时代早期遗址中，已有9处有用火的遗迹。在周口店北京人的洞穴中，保存的灰烬层厚达4~6米，中间还夹杂着一些烧裂的石块、烧焦的兽骨和烧过的朴树籽等。当时人可能主要引用自然火种并设法长久保存，所用的燃料以草本植物和灌木为主，还有乔木的枝叶、秸秆和动物的骨骼等。

漂泊不定、迁徙无常是早期人类的主要生活方式。已经发现的100余处旧石器时代早期遗址，绝大多数都位于旷野中，石制品既少又粗糙。陕西蓝田公主岭的26件石制品，散处于水平距离40米、垂直距离12米的范围内，平均每20平方米才有一件标本。但也有一部分人群有了相对稳定的住处。洞穴遗址的文化内涵较丰富，石器类型多样，加工水平高，堆积较厚，周口店北京猿人的堆积厚达40余米。天然的洞穴既能为人类遮风蔽雨，也能御寒取暖，是原始人类最理想的住所。洞穴是人类最早的"家"。

（2）旧石器时代中期的文化。旧石器时代中期约相当于晚更新世的早期，距今约 15 万～3.5 万年。目前已在全国发现了 30 余处这一时期的遗存，较著名的有山西丁村人文化、陕西大荔人文化等。

这一时期的文化已得到了进一步的发展。打制石器时修理台面的技术比旧石器时代早期明显提高。新出现了用木棒或骨棒打片的技术。石器类型增多，功能进一步分化，主要器类有刮削器、砍砸器、尖状器、雕刻器、石锥、石钻、石球等。大部分地方都以刮削器为主，但 1976 年在山西阳高许家窑发掘中发现的 13650 件石制品中却有石球 1059 件，除了丁村的石器体积较大外，其他地方的石器均以中小型为主。

这一时期的人类还广泛使用动物的骨头和角来制作工具，已经发现的器类有骨铲、骨三棱尖状器、骨刮削器和角工具等。这些骨器都是打制而成，形状不太规整。另外，用火遗迹也有较多发现，表明人类控制火的能力已进一步增强。

已经发现的 30 余个遗址只有不足 20% 是洞穴遗址，表明当时仍以漂泊不定的生活为主，只有少数人群利用天然洞穴过着相对稳定的日子。狩猎、采集是主要的谋生方式。许家窑等地数量惊人的石球，表明这些地方的人群拥有大量的打猎工具，并掌握了较高的狩猎技术。

（3）旧石器时代晚期的文化。旧石器时代晚期的文化呈现出相对繁荣的状态。这一时期的文化遗址已在中国普遍发现，其中较著名的有北京的山顶洞，内蒙古的萨拉乌苏，山西的朔县峙峪，河南的安阳小南海，宁夏的灵武水洞沟，山西的沁水下川，辽宁的海城小孤山，黑龙江的哈尔滨阎家岗，四川的汉源富林、铜梁张二塘，贵州的兴义猫猫洞等。

晚期石器工业更加进步，并形成了多种不同的技术传统，仅华北就有小石器工业、石叶工业和细石器工业的区别；华南地区文化的区域性也特别突出，有的学者已区分出了富林文化类型、铜梁文化类型、猫猫洞文化类型等。这些区域性文化的形成和分化，是旧石器时代晚期的人类在不同的自然环境中生存方式差异的反映，它们各有不同的传承渊源，并随着自身的发展而逐渐形成了不同的文化群体。

华北地区的石器普遍出现了小型化的趋势，萨拉乌苏、峙峪、小南海等遗址的石器，一般长 2～3 厘米。细石器工业的形成，是这一时期文化最显著的特点。典型的细石器以山西的下川、薛关和河北阳原的虎头梁为代表，其主要器类是用间接打击法和压制法产生的细石叶及典型的柱状、锥状、楔状等式样的细石核，还有用这些石叶、石核制造的刮削器、尖状器、雕刻器、箭头、琢背石刀等。磨制和钻孔技术已经开始应用于石器的制造过程中，但只处于萌芽状态，未得到普及。

骨、角器已相当发达。在骨器的制造中，已采用了锯、切、削、磨、钻孔等多项技术，并制作出相当精美的骨针、鱼叉、骨矛、骨锥、骨刀和角铲等。尤其是骨针，其细小的孔眼、圆滑的针身，与后世的针几乎没太大区别。针的出现是一项重大的发明，意味着人类已会缝制衣服。缝衣蔽体，御寒保暖，增强了人类生存的能力，也促进了人类文化的发展。

渔猎仍是主要的谋生方式之一，鱼类已成为当时人的重要食物之一。辽宁海城小孤山遗址发现的具有倒刺的骨鱼叉，表明当时人类已掌握了较高的捕鱼技术。不同的人群往往以某一种或几种食草动物为主要打猎对象，出现了打猎"专业化"的倾向。在内蒙古萨拉乌苏遗址出土的动物骨骼中，以羚羊最多；山西峙峪遗址的兽骨则主要是野马或野驴的。有些学者称萨拉乌苏的居民为"猎羊人"，而将峙峪的人群称为"猎马人"。

灰烬、炭屑、烧骨等在这一时期考古中被普遍发现。在萨拉乌苏和峙峪等遗址中都发现了烧透的兽骨，表明当时人类可能已将兽骨作为一种燃料。在山顶洞上部长 14 米、宽 8 米的范围内，发现了两层灰烬，内有工具，表明这一时期的人类已普遍掌握了保存火种的技术，而且很有可能已会人工取火。

谋生技能的改进，使旧石器时代晚期的人类将活动的主要区域转移到了河谷和湖边地带。山洞或岩厦不再是人类唯一的居所，他们已会构筑临时营地，有的已能建造简陋的房屋。在哈尔滨市郊的阎家岗遗址，发现两个相距 40 米左右的旧石器时代晚期猎人的篝火或临时营地，其中一个是用 200 多块兽骨垒成的椭圆形围圈，围圈内还留有炭屑。在湖北江陵鸡公山遗址，发现了距今四五万年前的古人类活动的遗迹，如用砾石围成的 5 个圆圈等。这些发现表明，平原地带已成为旧石器时代晚期人类的重要活动地区之一。

美的观念和灵魂观念的形成，是旧石器时代晚期人类文化的又一巨大进步，表现在文化遗存中，就是装饰品和墓葬的出现。在北京的山顶洞和辽宁海城的小孤山遗址，都发现了数量较多的装饰品。山顶洞的装饰品种类丰富，有穿孔小石珠、穿孔小砾石、穿孔海蚶壳、穿孔鲩鱼眼上骨、穿孔兽牙和刻沟骨管等。数量最多的是用锐利的尖状器从齿根两面对挖而成的穿孔兽牙，由于长期佩带，有些兽牙的孔道已磨得很光滑。在山顶洞的下室，发现了 3 个完整的人头骨和一部分躯干骨，在尸骨的周围撒有赤铁矿粉，并摆放着各种类型的装饰品。这是迄今为止中国发现的最早的人类墓葬。据分析，赤铁矿粉象征着鲜血，也具有驱邪镇妖的作用，山顶洞人相信红色可以安抚死者的灵魂，使他们平安地生活在另一个世界中。

 中国的中石器时代

中石器时代距今约 1.4 万年，是旧石器时代向新石器时代的过渡阶段，其地质时代已进入全新世。主要特征是：渔猎采集仍是人类经济生活的主要内容；工具主要是打制石器，其中尤以细石器最为盛行，仅有少量的磨制石器。

在陕西大荔沙苑发现了数量较多的细石器，有船

底形、楔形、圆锥形石核，小型的刮削器，压制精致
的石镞、尖状器以及石叶等。类似的细石器在河南许
昌灵井和山东的沂沭流域和汶泗流域也都有发现，表
明黄河流域的中石器时代文化是以典型的细石器为主
要特征的。华南地区则表现出以穿孔石器和磨刃石器
为特征的另一种文化形态，相当一部分人群仍住在洞
穴中，过着渔猎采集生活。这些现象使得后来的新石
器时代文化一开始就呈现出丰富多彩的地域特征。

三 新石器时代前期的文化

　　新石器时代是以农业、家畜饲养业、陶器和磨制石器为特征的时代。从这时开始，人类便由单纯地依赖自然过渡到开发自然，生产经济开始支配人类的生活。生产是人类谋求充足而又有剩余食物的最重要手段，是长久定居的基础，是文化加速发展的先决条件。发达的生产经济促进了文化的繁荣，并带动社会关系迅速发生变革，为文明社会的最终产生奠定了必备的基础。因此，新石器时代的开始是人类历史上最伟大的事件之一，被称为"新石器时代革命"。

　　中国的新石器时代始于距今 1 万多年前，经历了前、后两个大的发展阶段。前期为公元前 8000 ~ 前3500 年，是新石器时代各种文化因素的发生和发展时期，在中华大地上到处都留下了先民们居住的村落和生产、生活的踪迹；在不断改进谋生技术的同时，先民们也创造了质朴的艺术，留下了无数的瑰宝；区域性的文化传统得到了充分的发展，并形成了各种不同的文化谱系，为文明的产生积聚了丰沃的土壤。其所形成的各个不同的文化区域，基本上奠定了史前时代中华大地的格局，在此基础上产生了中国的文明，也使后期能涌现出新的文明因素，并向文明社会过渡。

 神州格局

生产经济是新石器时代最本质的特征，它使长期定居成了人类最基本的居住方式。在不同的自然环境中，不同的人群在相对稳定的区域中年复一年地生活着。代代相沿，祖传孙承，文化便由此呈现出了相当强烈的地区性差异和地域传统。

在考古学的术语中，"文化"一词有特定含义，指存在于一定时间，拥有特征相同或相似的一组遗存，并有相对稳定的分布地域的一个区域共同体。在新石器时代前期，黄河流域、长江流域、华南、西南、西北、东北到处都留下了先民的足迹。这些遗存因地域不同而表现出了强烈的差别，在神州大地形成了异彩纷呈的局面。

（1）黄河流域。在黄河下游，以山东地区为中心，已发现了 3 个先后相继的考古学文化，即后李文化、北辛文化和大汶口文化。后李文化（公元前 6300～前5600 年）因山东临淄后李遗址的发掘而得名，主要分布在泰沂山脉的北侧地带。它制作和使用的陶器都是粗糙的夹砂陶器，其中有炊煮用的釜、饮食用的钵等。北辛文化（公元前 5400～前 4300 年）因山东滕州市北辛遗址而得名，主要分布在山东和苏北地区。这一文化的居民以各种类型的鼎为炊煮器，除夹砂陶器外，还制造出了一批较精致的泥质陶器，如圜底或平底钵、小口双耳罐等；磨制石器较多，有磨盘、磨棒、铲、刀、镰、斧、锛等；骨角蚌器丰富，有镞、镖、锄、凿、镰、铲等；房屋多为半地穴式建筑，面积较小；墓葬均为竖穴土坑墓。随葬品较少，有些墓葬死者的头部覆盖一件陶钵，部分死者的门齿生前已被拔掉。大汶口文化（公元前 4300~前 2500 年）是以 1959 年发掘的山东泰安市大汶口遗址命名的，主要分布在泰山周围，西达鲁西平原东缘，东至黄海之滨，北抵渤海南岸，南到苏北地区，皖北和河南也有零星发现。它经历了早、中、晚 3 个发展阶段，拥有一群特征鲜明的陶器，主要器类有镂孔圈足豆、觚形杯、各种类型的鼎、袋足鬶、高柄杯、背壶、大口尊等；居民盛行拔除侧门齿和枕骨人工变形的习俗，有些居民长期口含小石球或陶球，致使臼齿外侧严重磨损；房屋以地面建筑为主，墙下一般挖有基槽；死者的随葬品较丰富，较独特的是用獐牙、獐牙钩形器和龟甲做随葬品；出现了多人一次合葬墓和多人二次合葬墓。

黄河中游地区，在公元前 6000~前 5000 年分布着两个不同的文化。河北南部、河南中部和东部，是磁山·裴李岗文化的分布地区。典型遗址是河北武安县磁山遗址和河南新郑县裴李岗遗址。居民的房屋主要是圆形、椭圆形的半地穴式建筑；经营农业，主要生产工具有石斧、石刀、石镰、石铲、石磨盘、石磨棒等；制造较粗糙的陶器，主要器类有盂、三足钵、小口双耳壶等。关中、陕南和陇东等地，是大地湾一期文化的分布地区。代表性的遗址是甘肃秦安大地湾遗址，陕西的华县老官台、临潼白家遗址等。居民制造的陶器火候较低，陶质疏松，主要有圈足碗、三足钵、三足罐等；石器有磨制和打制两种，刀、斧、铲、敲砸器是主要器形；居民主要居住在半地穴式的房子中。

公元前5000～前3000年为仰韶文化，以1921年发掘的河南渑池县仰韶村遗址而命名，分布地域以中原和关中地区为中心，北到长城沿线及河套地区，南达鄂西北，东至豫东，西到甘、青接壤地带。已发现遗址1000处以上，其中最著名的是陕西的西安半坡、临潼姜寨，河南陕县庙底沟、郑州大河村等遗址。它分布范围广，延续时间长，文化内涵相当复杂，并形成了许多地方类型。共同的特征是：泥质陶器多绘彩，经入窑烧制，颜色经久不褪；夹砂的陶器上多拍印或滚压绳纹；小口尖底瓶、盆、钵、壶、罐、瓮、釜、鼎等是其居民日常使用的器皿。农耕文化较发达，主要工具是石斧、锛、锄、铲等，种植的主要农作物是粟；家畜饲养业并不发达，主要家畜是狗和猪。村落多数布局严密，房屋形态繁多，早期多为半地穴，中晚期基本都是地面建筑。埋葬小孩盛行瓮棺葬，即以瓮、罐、钵、盆等为葬具；成人则以单人土坑墓为主，早期流行合葬和二次迁葬。

（2）长江流域。长江下游地区有河姆渡文化、马家浜文化、崧泽文化、北阴阳营文化、薛家岗文化。

河姆渡文化（公元前5000～前3300年）是以浙江余姚县河姆渡遗址而命名的，主要分布在杭州湾南岸的宁绍平原，并跨海到了舟山群岛。以精巧的木器和榫卯构件最具特征，房屋主要是干栏式建筑，炊煮器主要是陶釜，饮食器有钵、盘、罐等。居民种植水稻，家畜主要有猪和狗。雕有"双凤朝阳"等图案的象牙器，堪称艺术品。马家浜文化始于公元前 5000 年左右，到公元前 4000 年左右发展为崧泽文化。文化的命名地是浙江嘉兴县的马家浜遗址，分布地域以太湖为中心，南达钱塘江北岸，西到常州一带。居民主要种植水稻，并饲养猪、狗、水牛；生产工具主要有石斧、石铲、骨鱼镖、骨镞等。日常生活用具以带腰沿的陶釜最具特色。崧泽文化（公元前 4000 ~ 前 3200 年）是以上海青浦县崧泽遗址而命名的，制造陶器的技术比马家浜文化高，鼎变成了主要的炊煮器，饮食器具以豆最多，其他还有壶、盆、杯等；稻作业较发达。用玉制作装饰品，是其文化发展到较高水平的一个标志。北阴阳营文化是以南京的北阴阳营遗址命名的。石器多经细磨，穿孔技术发达，其中七孔石刀精致难得。日常生活用具主要有陶鼎、陶豆、碗、杯、壶、罐等，鼎是主要的炊器。这些器物的身上常附有把手、耳、嘴等，最富特征的是角状把手和半环耳。埋葬死者时，常在随葬的陶器中或人的口内放置花石子。薛家岗文化（公元前 4000 ~ 前 3000 年）的命名地是安徽潜山县薛家岗遗址，分布地域东到巢湖，西达黄梅，北抵浠水，南越长江。石器中以多孔石刀最具特色，孔数均为奇数；炊煮器主要是鼎和釜，饮食器有豆、壶、罐等。其玉雕人物、天象版和龟甲等，均系难得的文物珍品。

在长江中游地区，已经发现的文化有彭头山文化、皂市下层文化、城背溪文化和大溪文化等。彭头山文化（公元前 7000~前 6000 年）主要分布在湖南澧县一带。居民已会种植水稻，生产工具以打制石器为主；日常使用的陶器较原始，大多外红内黑，主要有釜、罐、盘、支座等，器表多饰绳纹；已会采用防潮技术建筑房屋。皂市下层文化（公元前 6000~前 5000 年）是以湖南石门皂市遗址命名的，主要分布在湖南西北部的澧水中下游和沅水下游。生产工具主要是打制的石器，其中黑燧石质的小石器较具特色；以陶釜为炊煮器，其他常用器皿有陶罐、钵、盘等；出现了因经烧烤而坚固干燥的居室。城背溪文化（公元前 5700~前 5000 年）是以湖北宜都县城背溪遗址命名的，主要分布在鄂西一带。陶器多为圜底器，制作技术原始，主要有罐、釜、盘、钵、支座等；生产工具以打制的石片石器为主，磨制石器主要是石斧。大溪文化（公元前 4400~前 3300 年）因四川巫山县的大溪遗址而得名，主要分布在长江中游西段的两岸地区。房屋多经烘烤，比较考究；居民经营稻作农业，并饲养猪、狗、牛等家畜。陶器多为红陶，遍涂红衣，并有少量彩陶。釜是主要的炊器，其他还有罐、壶、杯、盘等。实心陶球和空心裹放泥粒的陶响球颇具特色。石器有圭形石凿、石锄、石铲等。人死后，多用屈肢的方式埋葬。

（3）北方文化。在北方，已经发现有兴隆洼文化、新乐文化、赵宝沟文化、红山文化等。

兴隆洼文化（公元前 6200～前 5500 年）是以内蒙古敖汉旗兴隆洼遗址命名的，主要分布在老哈河和大凌河一带。居民多住在半地穴房屋中，房子成排布列，村落周围有壕沟环绕；工具主要是大型打制石器，有石锄、铲、磨盘、磨棒等；陶器普遍厚重，主要是筒形罐和钵，表面多饰"之"字形曲折纹。新乐文化（公元前 5300～前 4900 年）主要分布在沈阳地区，因辽宁沈阳新乐遗址的发掘而得名。磨制石器与细石器共存，陶器表面饰竖"之"字形线纹；居民用煤精做成圆泡、圆珠等装饰品是该文化的一大特色；种植黍等农作物。赵宝沟文化（公元前 5000～前 4700 年）主要分布在内蒙古赤峰一带，以内蒙古敖汉旗赵宝沟遗址命名。大型磨制石器与细石器共存，生活用具以筒形罐为主，还有尊形器、盂、碗、器盖等。陶器表面刻画的猪首蛇身、鹿形首、鸟形首等图案较具特色。房子是半地穴式的，也成排布列。早期的红山文化曾与赵宝沟文化同时分布于赤峰一带。红山文化因内蒙古赤峰市红山后遗址的发掘而得名，以玉器、彩陶、"之"字形纹陶器和细石器为主要特征。

（4）其他文化。在东北、西北、西南和华南等边远地区，都发现了这一时期人类活动的遗存。辽东半岛有小珠山下层文化；松花江下游有新开流文化；华南以江西万年仙人洞、广西柳州白莲洞、广东阳春独石仔等遗址为代表，已发现 100 余处公元前 8000～前 5500 年的遗址；台湾地区分布着公元前 4500 年左右的大坌坑文化。这些文化或遗址的共同特点，是居民以渔猎、采集为主要谋生方式，农业似欠发达，过着定居的生活，以粗糙的陶器作为炊煮器和饮食器。

"神农" 创业

在中国古代的神话和传说中，第一次教会人们种植五谷的，是一位伟大的祖先神农氏。《淮南子·修务训》载："古者民茹草饮水，采树木之实，食蠃蚘之肉，时多疾病毒伤之害。于是神农乃始教民播种五谷，相土地，宜燥湿肥硗高下，尝百草之滋味、水泉之甘苦，令民知所辟就。当此之时，一日而遇七十毒。"神农不畏毒害，教民稼穑之术，被后人尊为农业的始祖，并与伏羲、女娲（或燧人、祝融）并称为中国远古的"三皇"。

随着近代科学尤其是田野考古学的产生，笼罩在神农氏头上的神秘光圈，早已成为人们对远古的美妙回忆。考古发现表明，中国的农业不是在一个地区发生的，而是存在多个起源中心。农业的产生是由许多复杂的契机造成的，既有自然环境的压力，也有人口增长、文化进步等多方面的因素。农业所导致的生产经济，揭开了历史的新纪元，对文化的发展带来了革命性的影响，并奠定了文明产生的基础。

中国是世界农业的重要起源地之一。中国先民所培育的农作物，对人类文化的发展做出了巨大贡献。据统计，全世界主要粮食、经济作物、蔬菜、果树等共有 666 种，起源于中国的就有 136 种，占 20.4%。

在中国新石器时代遗址中，已经见到的粮食作物有粟（稷）、黍、稻、芝麻等，蔬菜瓜豆类作物有油菜、葫芦、黑豆（大豆）、花生等，果树类有桃、杏梅、梅、酸枣、栗子、核桃（胡桃）、榛、橄榄、柿子等。

粟，脱壳后称为小米，是一种较耐旱的农作物，迄今已有 40 余处史前遗址发现了粟的遗存，绝大部分都集中在黄河流域。年代最早的是河北磁山遗址中发现的大量粟粒灰末堆积。在磁山遗址的 345 座窖穴中，88 座有含粟的堆积，其中有 10 座厚达 2 米以上。据推算，这 88 座窖穴中储存的粟有 138200 余斤。在 7000 余年前，磁山先民长年累月囤积了如此多的小米，表明当时的粟种植业已具有一定的规模。粟是从狗尾草驯化来的，黄河流域在 7000 余年前就已大量种植，远早于其他地区，因此粟的驯化和栽培可能首先起源于中国。

水稻遗存已在 100 余处史前遗址中发现。一般地讲，栽培稻有两个亚种，即籼亚种和粳亚种，又叫籼稻和粳稻。它们同属一个祖先，是由栽培地带的温度高低不同而分化成的，籼稻是基本形，粳稻是变异形。含水稻遗存的遗址绝大部分集中在长江流域及其以南地区。年代最早（公元前 7000 余年）的是湖南彭头山遗址中发现的稻壳，这也是世界上最早的稻作遗存。而最引人注目的发现，是 1973～1974 年在浙江余姚县河姆渡遗址中出土的大量稻谷遗存。在不到 400 平方米的范围内，稻谷、谷壳、稻秆、稻叶等交互混杂，形成 20～50 厘米厚的堆积层。有些谷壳和稻叶仍不失原有外形，稻叶色泽鲜明，叶脉清晰，稻谷的稃毛还能辨别出来。经鉴定，这些稻谷中，粳稻约占20.9%～39.68%，籼稻约占60.32%～74.59%，中间类型占3.6%～4.41%。粳稻和籼稻的分化，表明杭州湾一带是最早栽培水稻的，其他地区种植水稻的技术可能是从这一带传播过去的。

最早的种植技术是极简单的，一般只有播种和收获两个环节。经过一个时期的实践，史前人发现，凡是在种前被火烧过的地方，谷物就长得特别好，于是便有意识地先放火烧荒。这种先烧荒后播种的耕作方法，被称为"刀耕火种"。这种简单的耕作方式延续的时间相当长，海南岛的黎族、云南的基诺族等直到中华人民共和国成立初期还以这种方式来种植谷物。

刀耕火种农业的产量相当低。在积累了更多的生产经验后，史前人逐渐知道了在烧荒以后还需翻耕田地，才能提高产量，于是就发明了挖土翻土的工具——耒耜。"耒"就是削尖的木棒，后来发展成了双齿；"耜"有木耜、骨耜和石耜之分，形状类似后代的铁铲，是一种复合工具。耒耜的出现，标志着原始农业进入了较高一级的阶段，即"耜耕（锄耕）农业"时期。平整土地是这种耕作方式的进步特征，不过它仍不施肥不灌溉，在烧荒的土地上广种薄收。河北磁山遗址中出土过石耜，浙江河姆渡遗址中出土了很多骨耜，表明我国在距今七八千年前就已进入了耜耕农业阶段。耜耕农业可能是新石器时代前期主要的耕作方式之一。

家畜饲养业是新石器时代的另一个重要特征，它和农业一起构成了新石器时代生产经济的主要内涵。中国古代以鸡、犬、猪、马、牛、羊"六畜"为生活中最重要的家畜，它们在整个新石器时代先后被驯化，有的还被驯育出了较稳定的品种。现有的考古资料表明，无论黄河流域还是长江流域，新石器时代的先民都以猪和狗为主要的家畜，尤以猪的饲养最为普遍，数量也最多。此外，北方普遍养鸡，南方普遍养水牛。

至少在公元前 6000 年前，中国就已开始养猪。兴隆洼遗址、裴李岗遗址和河姆渡遗址都出土了猪骨或陶猪模型。大汶口文化、仰韶文化、大溪文化、马家浜文化等都有较多的猪骨出土。在有些文化的墓葬中，猪是相当重要的随葬品。猪在新石器时代已成为最重要的家畜，这一特点一直延续到文明时代，对后来的中国家畜饲养业产生了重要的影响。

狗被驯养的时间几乎与猪同时。磁山·裴李岗文化和河姆渡文化的遗址中都有家犬的遗骸出土。马家浜文化、崧泽文化、北辛文化、大汶口文化、仰韶文化的遗址中都有家犬遗骨。鸡是由原鸡驯化而来的，在北辛、磁山·裴李岗、仰韶文化、大汶口文化等遗址中，都有家鸡遗骨出土，说明中国最早驯养鸡的时间在公元前 6000 年之前。而在南方则发现较少，说明鸡是新石器时代黄河流域普遍饲养的一种家禽。马的遗骸出土较少，黄河流域最早的只有西安半坡遗址出土的两颗马齿和一节趾骨，但还不能肯定是家畜。至龙山文化阶段，马才在黄河流域被饲养。南方养马的时间则更晚。家羊有绵羊和山羊之分，它们都是从野羊驯化来的。北方最早的家山羊遗骸目前只见于庙底沟二期文化阶段，至龙山时代羊已成为较多的一种家畜。牛在南方的遗址中出土较多。河姆渡文化、马家浜文化和崧泽文化的遗址中，水牛的遗骸较普遍，说明此时水牛已成为南方最重要的家畜。在北方则另有一种黄牛。

史前人是如何将野生动物驯化为家畜家禽的？有些学者结合少数民族的材料，推测驯化的过程大体要经过 3 个阶段，即拘禁驯化、野外放养、定居放牧。目前的考古发现表明，新石器时代前期的居民实行村间放养并建造了家畜圈栏设施。在河姆渡遗址曾发现了直径 1 米左右的畜圈；在半坡遗址则发现了两座长 6～10 米、宽 1.8～2.6 米的畜圈，周围有密集的柱洞；在姜寨遗址发现的圈栏中，尚有 20～30 厘米厚的畜粪堆积。圈养有利于牲畜的安全、育肥、配种和繁殖，是一种较进步的饲养方式。圈栏的出现，表明我国史前家畜饲养业早在公元前四五千年已具有一定的水平。

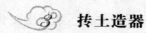

抟土造器

烧造陶器是人类历史上最早通过物理化学变化将一种物质改变成另一种物质、将黏土烧制成器皿的生产活动，它和农业、家畜饲养业一样，被称为新石器时代开始的标志之一。陶器的出现，引起了人类饮食生活和生产活动的巨大变革。用陶器炊煮食物，在人类饮食史上是继火的利用以后又一划时代的事件。它不仅扩大了熟食的范围、花样，使食物味美，而且提高了食物的营养，增强了人类体质，同时还加快了定居生活的步伐，使文化在相对稳定的环境中能以更快的速度向前发展。因此，陶器自出现以后，就日益成为人类生活中不可缺少的用具，并一直延续到今天。

人类学会制造陶器必然经历了一个相当长的实践与认识相互作用的过程。制造陶器有两个最关键的工序，即塑造坯体与烧制。将黏土掺水后可以塑成一定形状的东西，是人类在 1 万多年前甚至更早就认识到的一种现象，例如欧洲旧石器时代晚期马格德林文化的居民，就已用黏土捏塑出了野牛和熊等形象。同时，在长期用火的实践中，人类也必然发现经火烧过的黏土可以变成硬块。这两方面的知识和经验的不断积累，最终在某个时候促成了陶器的发明。

中国的陶器最早出现于什么时候？这仍是考古学家正在探索的一个难题。在河北徐水南庄头遗址发现的几块碎陶片，经测定在公元前 8000 年左右，是目前中国确切年代最早的陶器实物，为寻找陶器的源头提供了重要的线索。后李文化、彭头山文化、城背溪文化等，发现了公元前 7000～前 6000 年的陶器，它们的制造方法、纹饰、器形，代表了中国目前已知的早期陶器特征。这些特征所表现出来的制陶工艺相当原始。后李文化的陶器分别掺有粗细不等的砂粒，不见泥质陶器，反映出当时的居民尚不懂得淘洗陶土。彭头山文化的陶器以夹炭陶为主，所夹的炭，一种是大而硬的颗粒，另一种疏松并成层状分布，可能是陶土中含有炭化的植物碎叶籽壳。陶器的坯体都是用原始的泥片贴筑法制成的。器形相当简单，主要是釜、钵等。器物的外表大都色泽不均，红褐相杂，显系烧造时火候不均所致。

公元前 6000～前 4000 年的磁山·裴李岗文化、大地湾一期文化、兴隆洼文化、北辛文化、河姆渡文化等，陶器都以手制为主，已采用较进步的泥条盘筑或叠筑法，陶质细腻的泥质陶开始出现。河姆渡文化中夹炭陶器较多，陶器的烧成火候普遍较低且不均，裴李岗遗址红陶的烧成温度是 900℃～960℃。胎质疏松，大部分器物壁较粗厚，造型也不大规整。

这时期的陶器已开始用专门挖筑的陶窑烧造。在裴李岗遗址发现了一座陶窑，窑室呈圆形，前面有火道。这是一种较原始的横穴窑，即窑室和火膛基本位于同一水平面上，燃烧时火焰由火膛进入窑室。

公元前 4000～前 3500 年，中国的制陶工艺有了较大的进步。陶土的处理已能适应不同质地器物的需要，有的陶土经淘洗去掉杂质，制成了较细腻的泥质陶；有的则加入羼和料，以增强陶器的耐热急变性能，而且不同文化陶器的羼和料，在种类和数量上也有差别。泥条盘筑是较普遍的制陶方法，较晚阶段开始使用慢轮修整器物的口沿。器物造型较规整，种类增多，不同文化均出现了独具特色的典型器物。彩陶的大量出现是这一时期陶器装饰的重要特色，图案丰富多彩，仰韶文化半坡类型的彩陶纹饰就有人面、鱼、蛙、鹿、植物等象形性花纹和以三角形、圆点组成的几何形图案花纹，其中相当一部分彩陶器是史前艺术珍品。

这一时期的陶窑除横穴窑外，又出现了较进步的竖穴窑，即窑室高于火膛，窑室的窑箅上有火眼，火焰通过倾斜的火道和窑箅上的火眼进入窑室。这样的结构便于火焰进入窑室，提高了窑内的温度。据测定，这时期陶器的烧成温度可达 1000℃ 以上。

4 巫师的艺术

1987 年 5 月，河南的考古工作者在濮阳市的西水坡遗址所进行的发掘，震动了当时的考古界。西水坡是一处公元前 4400 多年的仰韶文化遗址，出土的遗物都是普通的日常用品，但是，令人惊奇的是，这里的居民，以奇特的方式使用蚌壳摆塑了龙虎图案。图案共有 3 组：第一组摆放在 45 号墓葬主人的两侧（见图1）。这是一座大墓，平面结构类似人头状，长 4.10米、宽 3.10 米、深 0.50 米。墓主人是一壮年男性，身高 1.84 米，仰身直肢，头南足北。右侧有一个用白色的蚌壳摆塑的龙形图案，其形状是"兽头、蛇身、鹰爪、鱼尾，头朝北，尾向南，身长 1.78 米，昂首拱背，身子弯曲"。这条身躯细长的龙前后各有一条短腿，爪部叉开，似在奋力向前爬行。左侧是一个用蚌壳摆塑的虎形图案，它"头北尾南，与龙同向，身长1.39 米，高 0.63 米，下身稍低，上身微高，四肢交递，尾巴下垂，双耳高耸，环眼圆睁，张口伸舌，牙

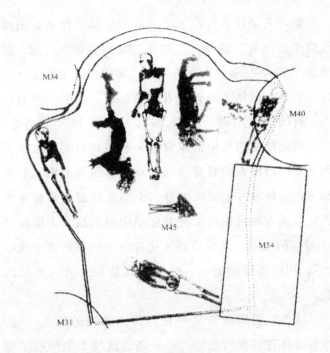

图1　河南濮阳西水坡蚌塑图案（第一组）

齿外露，行走状"。在墓主人的足下方，还有一蚌塑三角形图案，图案的东侧横置两根人的胫骨。整个墓室充满着威严而又神秘的气氛。第二组蚌塑在此墓之南20米处，二者位于同一层位下，其图案有龙、虎、鹿和蜘蛛等。龙头朝南，背朝北；虎头朝北，面朝西，背朝东，龙虎蝉联为一体；鹿卧于虎的背上，特别像一只站立着的高足长颈鹿；蜘蛛摆塑于龙头的东面，头朝南，身子朝北。在蜘蛛和鹿之间，还有一制作精致的石斧。第三组蚌塑图案位于第二组南25米处的一条灰沟中，时代比第二组稍早。图案有人骑龙和虎等。

这3组生动形象的图案充满了强烈的神秘意味。

它们的含义是什么？西水坡当时的居民为什么要用蚌壳摆塑如此复杂的图案？遗址的发掘者认为，龙、虎分居于第45号墓葬主人的两侧，表明死者生前是一个具有很高权威的人物，拥有降龙伏虎、主宰一切的权力。有的学者则说，第45号墓就是一组天文图像：龙、虎蚌塑是四象中的东宫苍龙和西宫白虎；墓主人脚下方由两根人的胫骨和三角形蚌塑组成的图案就是北斗。美籍考古学家张光直从中国古代道士常骑坐龙虎鹿上天入地与鬼神交往的记载中得到启发，推断第45号墓的主人"是个仰韶文化社会中的原始道士或巫师"，用蚌壳摆塑的龙、虎、鹿就是他上天入地的助手。

这3组图案的含义和它们所渲染出的气氛一样，将永远具有神秘的色彩。对于创造这些形象的西水坡先民而言，现代人所作的解释只能是无法验证的推测。但有一点是肯定的，这些形象绝不是随意的消遣艺术品，而是在某种充满了虔诚希望的仪式中被创造出来的。这种仪式就是史前的巫术。从这个意义上讲，张光直的解释更接近情理，西水坡的蚌塑图案是具有巫术含义的，是巫师的艺术。

巫术是什么？英国人类学家马林诺夫斯基说："巫术纯粹是一套实用的行为，是达到某种目的所取的手段。"巫术就是建立在人对超然巫力狂热信任基础上的行为。巫术相信，人能通过某种途径去影响、控制甚至改变他人、动物、作物、自然现象和想象中的鬼神，以实现自己的目的。一个完整的巫术总具有以下几个基本要素：一系列活动过程，即仪式；咒语，即诉诸魔力的祈求或请求；法器或巫具，仪式赖以进行的凭借物；巫师，即仪式活动的主持人。整个仪式都围绕着一个目的进行，即要用巫术所产生的魔力去影响或改变某种客观事物。英国人类学家詹·乔·弗雷泽将巫术赖以建立的思想原则归纳为"交感律"，即相信物体通过某种神秘的交感，可以直接或间接地发生作用，将对某一物体的影响力传输给另外的同类物体。

在史前时代，巫术赖以产生和发展的基础是当时人对各种自然现象和想象中的鬼神精灵的崇拜观念。崇拜日月星辰、风雨雷电、山川土石、动物植物，并赋予它们神灵化的威力，是人类原始的宗教形式之一。但是，史前人崇拜自然，绝不是崇拜山的峻拔、水的秀美、地的苍茫、天的辽阔，而是匍匐在这些不理解的自然现象的威力之下，相信它们都是自然神灵的化身。为了使自己更好地生存下去，史前先民们在精神上需要这些神灵的保护和帮助，认为巫术可以帮助他们与神灵沟通想法，通过一定的仪式，甚至可以幻想出神灵的力量已降临到自己身上，保佑自己战胜病魔、打败敌人，并可以让神灵赐给一个风调雨顺、五谷丰登的好年景，等等。在以简陋的石、木器具为主要谋生工具的史前时代，巫术在一定程度上成为史前人的精神支柱，使他们鼓起了更大的勇气来抗拒严峻的生存压力。因此，史前时代的巫术虽是扭曲了的思想行为，但客观上对史前社会的凝聚和文化的发展起到了局部的催化作用，正因如此，在以后又得以不断地被丰富和发展。

　　巫术在中国的起源是很早的，至迟在旧石器时代晚期的考古材料中，就已有许多痕迹，其中山顶洞人在墓中撒朱砂的做法，就应有巫术的含义。至新石器时代前期，具有巫术意义的考古现象更多，并反映出这一时期的巫术已可分为丰产巫术、避邪巫术、生育巫术等多种类型。在磁山遗址已发掘的 1000 平方米的范围内，有 7 组窖穴应与当时人的巫术行为有关。譬如，第 12 号窖穴是一个深 5.2 米的长方形坑，其下层是已腐朽的小米堆积，厚 2 米，上层是红烧土、草木灰和灰褐土。上、下两层土之间有一层厚 10 厘米的硬土面，其下有一层小卵石支垫相隔；在小米底层角上，分放着 3 堆猪骨。在这里，小米、猪骨、硬土面、小卵石共同组成了一个文化现象，它应是磁山先民巫术行为的产物，蕴含着他们对粮食丰收的渴求，因而可以认为是祈求丰产的巫术遗存。

　　巫术仪式的主持人是巫师，根据民族学的材料，巫师在施法时总要借助于一定的法器，而这些东西往往会在考古发掘中被发现。西水坡的蚌塑龙、虎、鹿、蜘蛛等图案，很可能就是帮助巫师沟通神与人关系的助手。在仰韶文化丰富的彩陶纹样中，陕西宝鸡北首岭遗址的一件蒜头壶上的"水鸟啄鱼纹"是最引人注目的作品之一。这件蒜头壶出土于一座土坑墓中，墓主人只以此一件器物作为随葬品。壶的外表是橙红色，在肩部用黑彩绘着一只大鸟正在叼着一只鳞鳍齐备的大鱼，"大鱼负痛回首挣扎，水鸟紧咬不放"，线条虽然简洁，但整个画面却显得紧张而又生动。据研究，蒜头壶是当时的一种酒器，而酒往往是巫师施法时必不可缺的用品。绘有这样一幅寓意深远的图画的酒器，显然是具有特殊功能的器皿；墓主人只以此器随葬，更显出对它的珍爱。因此，这件蒜头壶同这幅鸟啄鱼图画，很可能就是当时巫师的法具，而享有它的墓主人，或许就是当时的巫师。

巫术作为文化的一部分，随同史前社会的演进也经历了不同的形态。最早的巫术应该是人们普遍都能掌握的技艺，"民神杂糅"，人皆能通神。但考古材料表明，新石器时代早期专职的巫师已经出现了。西水坡第 45 号墓的主人很可能就是当时一个颇具威力的巫师。巫师的出现，改变了人皆是巫的混沌局面，促进了巫术的进一步发展。而这些巫师由于掌握了与神灵对话的权力，在人们中的威信也就逐渐增长。新石器时代晚期，巫术逐渐走向神秘和威严，巫师的地位也随之提高。当大量精美的艺术品随同巫师走进考究的墓室时，当威严的神坛矗立在中心聚落（即村落）时，中国最早的文明时代也就要开始了。

社会生活与社会形态

在新石器时代前期，定居已成为大多数地区人群的居住方式。史前先民按照一定的社会关系结合在一起，共同选择一个地方，给自己安顿一个能遮风避雨、御寒取暖的家，然后便开始了日出而作、日落而息的生活。他们或耕作，或采集，或渔猎，终生忙碌不休。喜怒哀乐、悲欢离合，都与这个家联系到了一起。人死了，便在附近就地掩埋。数千年过后，房子塌了，基址犹在；陶器破了，碎片犹存；人虽死了，可遗骸仍躺在墓穴中。而这些正是考古学家研究的东西。经过半个多世纪的艰苦探索，中国考古工作者已在祖国的大地上发现了数以万计的新石器时代遗址，其中相当一部分是属于新石器时代前期的，著名的半坡遗址和河姆渡遗址就是典型代表。这些遗址中的房屋、墓地及其他遗存，既是当时人生活的印迹，也反映了那个时期的社会形态。房屋的布局、墓葬的排列和窖穴的分布，是当时社会关系的一个缩影。透过它们，我们可以观察史前的社会。

（1）家屋和村落。在内蒙古敖汉旗宝国吐乡兴隆洼遗址，中国社会科学院考古研究所内蒙古工作队在经过了 6 次大规模的发掘（发掘面积近 2 万平方米）后，将一座距今七八千年的史前村落完整地揭示了出来。这个村地处大凌河支流牛河上游右岸一低丘岗地的西南坡，周围有一条宽 2 米、深 1 米、周长约 570 米的圆形壕沟环绕，围沟之内平行分布的房子不少于 10 排，每排约有 3~7 间，共百余间，均呈西北至东南向分布。房子的面积一般是 50~80 平方米，最大的 140 平方米，均为半地穴式建筑，基址平面呈圆角长方形或方形，无门道。每间房内有一个圆形土坑灶，灶壁及底均抹泥，已被烧结坚硬。房址的居住面上还遗留有陶器、石器、骨器以及兽骨、石块等。陶器均为日常使用的罐、钵等；石器往往成组放置，最多的达 10 余件，主要是有肩的石锄。迹象表明：这些房子绝大多数是供人起居、生活用的；面积在 100 平方米以上的几座大房子均位于村落的中部，有可能是公共使用的特殊场所。在村落的东北侧，分布着一片密集的窖穴群，形制、排列均相当规整，显然是村内居民共同使用的仓储区；不过，有些房子的内部或外侧也有自己独有的窖穴。当时流行居室葬，即人死以后往往埋在室内。在围沟的西侧，发现了两座并列的土坑墓，均为仰身直肢单人葬，似乎显示出当时也有全村共用的墓地。整个村落在总体上排列有序、布局规整，显然在开始营建时是经过统一规划的。这种以壕沟环绕成排房子的特征，在已发现的中国新石器时代村落中独具特色，发掘者已将其命名为"兴隆洼聚落模式"。

此后 1000 余年的仰韶文化半坡类型中，流行着另外一种聚落模式。以壕沟环绕村落，沟内的房屋分成几个不同的组群，大体围成一个圆圈，门道基本都朝向村中心的广场。1972～1979 年，陕西考古工作者在姜寨遗址陕西临潼共进行了 11 次发掘，发掘面积达 17084 平方米，比较完整地揭露出了早期村落的全貌。这个村北望渭水，南傍骊山，西靠临河，总体布局分为居住区、窑场和墓地 3 部分。整个村平面呈椭圆形，南北短径 160 米、东西长径 210 米，面积约 33600 平方米。居住区周围有壕沟环绕，沟东外侧为墓地，窑场位于村西的临河边上。壕沟具有防御作用，在村东有两个缺口，为供村民出入的寨门，在寨门旁边盖有哨所。村内发现完整的和比较完整的房子120座、灶坑261个。这些房子和灶坑呈圆圈状分布在壕沟内侧,并分成5个相对独立的单元。每个单元都由小房子围绕大、中型房子组成,房屋门都朝向中心广场,广场面积约5000平方米。小房子面积一般在10平方米左右,门内正中有一个灶坑,左右两边摆放生活用具;中型房子的面积24~40平方米,室内有1~2个休息用的平台;大房子的面积一般为53~87平方米,最大的128平方米,门内正中多有灶,灶坑两边有高出居住面的平台。在各组房屋附近都有成群的窖穴,多集中在大房子周围。墓地已发掘3片,每片均有50余座土坑墓。在这样一个村落内居住的村民所构成的社会组织究竟是什么样子的呢?学术界尚有不同的看法,许多学者的观点是,这5组房屋的居民是5个具有亲缘关系的氏族,他们彼此毗邻地生活在一起,共同构成了一个更大的社会共同体。有些学者认为这个共同体是胞族,有人认为是部落。但无论如何,这个共同体仍处于氏族社会阶段,人与人之间的关系是相互平等的,他们依血缘纽带联系在一起,过着相对平等的生活。

与姜寨遗址同时的半坡聚落,占地约3万平方米。整个村落呈不规则圆形,周围有一条宽、深各约5~6米的大壕沟环绕。房屋、窖穴和饲养家畜的圈栏,集中分布在村落的中心。共发现房屋46座,可分成两部分,中间以较小的壕沟为界。这样的布局,一般认为是两个氏族。每部分内都有一个公共活动的大房子,在它的周围分布着氏族成员的小房子。壕沟的北边是氏族的公共墓地，东边是烧陶的窑场。北首岭的史前村落也呈椭圆形排列，村中心是一个南北长 100 米、东西宽 60 米的广场，有当时人活动的路面。广场周围已发现了 3 组房屋，门都朝向中心广场，从而形成场地以北、以西的房屋与场地以南、以东的房屋遥相对望的情况。在广场南面，有一条西北至东南向的排水沟。在住宅区的东南，发现了一片墓地。

这些村落的共同特征就是所有房屋都环绕一个中心广场而建，村以壕沟为界与外部区分开来，形成一个相对封闭的、中心凝聚式的居住、活动空间。这种凝聚力就是氏族血缘关系的纽带，生活在同一村落中的居民，是靠割不断的血缘联系在一起的。房屋的大小之别，只是功能的不同而已。贫富分化、等级压迫等现象尚未产生，他们都是氏族社会的成员，虽有酋长和一般人之别，但绝没有主仆之分。

（2）葬制与葬俗。村落遗址是史前人活着时的生活缩影，墓葬所包含的葬制和丧俗也可反映当时的社会状况。从总体上讲，新石器时代前期的墓葬形制都比较简单，大多是小型的土坑竖穴墓，没有或只有简单的葬具，随葬品较少，墓与墓之间的差别不甚明显。这些墓地的布局及葬俗在一定程度上可作为当时社会生活的缩影。

1986~1989 年，中国社会科学院考古研究所的河南一队对河南郏县水泉遗址进行了 5 次发掘，揭露面积近 2000 平方米。墓地位于遗址东部，已清理出相当整齐地排成 18 排的 110 座墓葬。各排墓葬的数目不等，多的 10 座，少的 3 座，墓与墓之间还留有空位。葬法有单人葬和合葬两种，以前者为主，后者较少。第 7、8 排之间有一个较大的烧土坑，恰好将墓葬分成东西两群，两群都有合葬墓，显然经过统一的规划。在某些排列中留出空位的做法，可能是按照某种社会秩序为后死者留出的位置。排与排之间以及两个不同墓群之间的死者，应该分属于不同而又关系紧密的社会群体，他们生前生活在一起，死后也要按一定的顺序埋葬在一起。

元君庙墓地是北京大学历史系考古专业于 1958～1959 年间发掘的，揭露面积 800 平方米，发掘了 57 座墓葬，为一个基本完整的仰韶文化半坡类型的墓地。墓地分东、西两区，共 6 排墓穴。同一排的墓穴自北向南排列，同一墓区的各排自东而西排列。其中有 28 座墓穴是同时葬入的多人合葬墓，一墓中少则 2 人，多的 25 人，一般都在 4 人以上，死者人数占整个墓地死者的 92%。这些合葬墓中的死者大多数都不是同时死亡的，他们死时尸骨先被埋置在不同的地方，然后在某个时期再同时迁入一个墓穴中，所以是"二次葬"。元君庙的合葬墓也有一次葬，比如第 404 号墓，同时埋入 6 人，年龄分别是 50 岁、30 岁和 10 岁左右，包含了 3 代人。据研究，这种合葬墓当属母系家族墓葬，而由若干合葬墓组成的墓区，是氏族墓区，整个元君庙墓地则是一个部落的墓地。这种布局显示出当时在氏族组织下母系家族的存在。

类似的现象也见于大汶口文化早期的王因墓地。

1975～1978 年，中国社会科学院考古研究所的山东工作队对王因墓地进行了 7 次大规模发掘，揭露面积 1 万多平方米，清理出了 899 座墓葬。除单人葬外，有 100 余座合葬墓。合葬墓分一次葬和二次葬两种，一次葬合葬墓中的死者少的 2 人，多的 5 人，多数为同性合葬；二次葬合葬墓中的死者少的 2 人，多的 24 人，遗骨分排或分层安葬，属于一个死者的遗骨一般放置一堆，多为同性。这种同性合葬的现象，突出地反映出了氏族成员间牢固的血缘关系。这些墓葬多为长方形浅穴，随葬品一般为 3～4 件，最多的 20 余件，且多为简单的陶镯、骨锥之类，没有明显的贫富分化现象，显示出死者生前过着一种相对平均的生活。

四　跨越文明的门槛

　　本章要讲的是新石器时代后期（公元前 3500 ~ 前 2300 年）文明诸因素在我国的产生、积累、升华过程和文明社会的孕育、诞生过程。考古发现的古代人类文化遗存的谱系格局与新石器时代前期紧密承接。在以今山东为主体的海岱地区，是大汶口文化中、晚期和继之而起的龙山文化早、中期；在中原地区，是仰韶文化晚期和中原龙山文化早、中期；在江浙地区，主要是良渚文化；在辽河流域，以红山文化后期为主体，继之而起的是小河沿文化；在江汉地区，是屈家岭文化和石家河文化（前期）；在陕甘渭水流域，是仰韶文化晚期和客省庄二期文化前期；在黄河上游地区，是包括早期齐家文化在内的马家窑文化。

 ## 社会经济新发展

　　新石器时代后期的农业生产较前有很大发展，石质生产工具多磨制精细，种类包括了犁形器、铲、锄、刀、斧、镰、锛、双翼耘田器等，还有骨锄、骨铲、骨刀、蚌刀、蚌镰、鹿角锄和木耒等，凡翻土、中耕、收割工具一应俱全，而收割工具刀、镰的大量出土，更表明已有较大的农业收获量。粟是当时黄河流域的主要农作物，长江中、下游则以水稻为主。在山东胶县三里河的一个大汶口文化晚期的大型窖穴中，曾出土1立方米粟粒；在浙江吴兴县钱山漾良渚文化遗址中曾发现成堆的稻谷和稻米，经专家鉴定确认是粳稻和籼稻。可见当时的粮食生产量较多，因而有可能大量积蓄。在浙江钱山漾等遗址，还发现良渚文化的花生、芝麻、两角菱、甜瓜子、毛桃核、酸枣核、葫芦等植物，有学者认为它们之中的一部分是人工种植的农作物。

畜养业较以前有较大发展。首先是家畜的品种增多，牛、羊、狗、猪、马、驴、鸡等齐全。其次是家畜的数量多，饲养地域广。在河南陕县庙底沟遗址的26座早期龙山文化窖穴中出土的家畜骨骸，比该遗址168个仰韶文化窖穴中出土的家畜骨骸还要多，表明家畜饲养业发展迅速，以养猪为主的畜养业，在黄河流域已达到较高水平。

农业和畜养业的大发展，为社会生产的分工向更深度发展，为脱离生活资料生产的手工业者阶层和脱离体力劳动的劳心者阶层的产生和生存，提供了物质前提和基础，也为私有制的发育和社会财富的大规模集中提供了前提和基础，使得急剧的阶级分化以及阶级压迫与剥削成为必然之事。于是，一系列的文明因素和现象便不断地萌发、涌现出来。

黎明旋律——交流与融合

　　早在新石器时代前期，我国各地的人群集团之间已经有了频繁的交往，到了新石器时代后期，各地区之间的交流更加活跃，包括贸易、友好交往和军事冲突，反映在考古学上，则是各地之间人员和物质文化方面的交流融合。现以黄河中、下游和长江中、下游为例作些说明。

　　在新石器时代前期，海岱地区受中原文化的影响比较深，后来海岱地区的大汶口文化实力骤增，并向中原地区大规模推进、扩张。考古学家在郑州林山砦和今荥阳点军台两处仰韶文化遗址中发掘的大汶口文化类型的陶器，以及在偃师市滑城遗址中发现的大汶口文化墓葬就是明证。此后，在河南的郸城、商水、淮阳、周口、平顶山、禹州、郑州、上蔡、西华、扶沟、项城、沈丘、新郑、鄢陵、临汝、偃师、洛阳、孟津、渑池、太康、鹿邑等市县的 50 多处遗址中，也发现了大汶口文化的墓葬或遗物，考古学者认为这是海岱地区大汶口文化人向中原地区扩张、迁徙之实证。

　　大汶口文化人在中原地区逗留了几百年，此间，曾以中原为跳板，向其他更远的地方渗透，在湖北郧县、京山、房县、松滋等县的多处屈家岭文化和石家河文化遗址中，在陕西商县紫荆遗址早期龙山文化中，在山西襄汾陶寺、垣曲古城东关和夏县东下冯遗址中及湖南境内，都发现有大汶口文化因素。在安徽的萧县、亳县、蒙城等地屡有大汶口文化文物出土，在蒙城尉迟寺遗址中发现了大汶口文化的房基、墓葬，还出土了刻有太阳神徽的大陶尊。

海岱地区与江浙地区的交流，比起与中原地区的交流来，情况要复杂一些，其最显著的特点便是相互渗透。在南京北阴阳营遗址 2 号灰坑内，发现了大汶口文化陶鬶和陶尊；上海青浦县福泉山良渚文化墓葬中出土的彩陶背壶，样式与大汶口文化背壶完全相同；在中国历史博物馆收藏的一件良渚文化玉琮上，刻有一个太阳神徽，与大汶口文化陶尊上的太阳神徽完全相同；在美国弗利尔美术馆收藏的一件良渚文化玉镯上，雕刻着一个大汶口文化陶尊上常见的太阳神徽。

良渚文化也向大汶口文化扩张渗透。在山东栖霞县杨家圈、莱阳市于家店遗址的大汶口文化晚期遗存中，发现过与良渚文化器物相类同的陶器。在江苏新沂县花厅遗址发掘的几座墓中，大汶口文化典型器物背壶、镂孔豆、圈足尊等与良渚文化典型器物瓦足鼎、贯耳壶、宽錾杯、玉琮等共存于同一座墓中，而这里原本是大汶口文化的地域范围。故有学者推测这是良渚人北侵至此，掳掠了大汶口文化人的财产而埋葬死去的同族人。良渚文化的对外扩张与影响，还见于安徽潜山县薛家岗、山西襄汾县陶寺、广东曲江县石峡等遗址。

公元前 3900 ~ 前 3400 年，中原地区的仰韶文化十分强盛，除对海岱地区有较大影响外，还对江汉地区产生了强烈影响。大约到了公元前 3400 年以后，中原仰韶文化的外扩势头受挫，对江汉地区的影响迅速减弱。与之相反，此时江汉地区的屈家岭文化与大汶口文化进军中原相呼应，积极北上，占领了原属仰韶文化地盘的南阳盆地，因而在今河南的淅川、内乡、南阳、社旗、方城、新野、桐柏等市县，都发现了屈家岭文化遗址。在河南的郸城段寨、禹州谷水河、郑州大河村、偃师滑城、陕县庙底沟以及山西的垣曲古城等遗址的仰韶文化晚期或龙山文化早期遗存中，都先后发现过一些具有鲜明屈家岭文化特征的陶器。在龙山文化时代，中原地区与江汉地区的相互交流依然存在。

黄河中、下游与长江中、下游的文化交流，在我国文明起源和形成方面具有极为重要的意义。

第一，在长期的相互交流过程中，各地区所吸收的其他地方的文化成分，往往是对方文化中最优秀和最富特征的东西，于是，交流促进了各地区之间的借鉴与提高，使各地萌发的一些文明因素得以传播与集中，成为华夏文明形成过程中的催化剂和大熔炉。

第二，各地之间物质文化的交流，更重要的是人员的交流，即民族的迁徙与融合，意味着文化的交融和优化，对文明元素的升华和文明的形成，有着巨大的推动作用。

第三，各地区之间的交流，往往表现为以地盘的扩张和人群的迁徙为特征的军事冲突形式，从而必然要求权力的集中，这就为君王的产生提供了前提条件。而"天子"的诞生，实质上就是华夏文明最终形成的一个标志。

动荡、碰撞、交流、汇积、融合、升华，是中国
文明社会黎明时期的主旋律。

 ## 辽河流域的庙、坛、冢

　　红山文化是分布在西辽河流域（包括辽宁西部、
内蒙古东南部和河北北部）的一支北方古代文化，因
1935 年首次在赤峰红山后遗址发现而得名，其年代约
与中原仰韶文化相当。大量的考古事实告诉我们，至
迟在公元前 3500 年左右，从辽河流域迸发的文明火
花，已闪烁着耀眼的光芒。

　　红山文化的祭坛，1979 年发现于辽宁省喀左县东
山嘴村旁一座山梁正中的台地上，共有长方形和圆形
两种祭坛，皆系石砌，南北对应，基本上处于同一中
轴线上。长方形祭坛东西长 11.8 米、南北宽 9.5 米，
目前最高的地方保留有 4 层石块，高约 0.5 米。坛内
竖立若干长条石，顶端呈锥状，高 85 厘米左右，分成
3 组。祭坛的外侧用石头砌出整齐的坛基边埂，埂外又
用石头砌铺成护坡。圆形祭坛有两组：北侧的 1 组只
有 1 个直径 2.5 米的圆台，距离长方形祭坛 15 米，周
边砌石块，外缘很整齐，圈内铺一层河卵石；由此往
南 4 米的 1 组，可以看出先后有过 3 个祭坛，其中 2 个
的轮廓尚清楚，平面呈椭圆形，最大直径分别是 3.8
米、4.1 米，都用单层石块砌成，圈内铺河卵石。在圆
坛的周围，出土了 20 多块泥塑人像的残块，多为人的
肢体部分，其中有大型人物坐像和小型孕妇塑像

图2 东山嘴祭坛出
土孕妇塑像

（见图2）。有人说，长方形坛是祭祀地母（土地神）的场所；圆坛上供奉妇女（孕妇）塑像，则是人们祈求生育和丰收的一种方式。另有人说，红山文化人祭祀祖先的地方，泥塑女神像可能是红山文化人祖先的偶像。

值得注意的是，在东山嘴，除了石砌祭坛并无任何居住遗存，即使在附近地方也没有发现同时期的居住遗存。就是说，东山嘴在当时是个专门的祭礼场所。因此，有人认为它可能属于部落联盟甚至属于早期国家。

1983年，辽宁的考古学者在辽宁凌源县与建平县交界处的一个叫牛河梁的山丘上发现了一座属于红山文化后期的"神庙"遗址，消息传开，轰动全国，牛河梁从此名噪海内外。

据报道，"女神庙"由两个建筑单体组成。第一个是一座半地穴式房子，平面呈中腰圆鼓的长条形，东西长6米，南北宽2.7米，房顶已坍塌。第二个是一座多室的半地穴式房宇，与第一个相距2米多，南北总长18.4米，东西宽约7米。由一个主室和前、后室及左、右侧室构成，木骨泥墙，墙上有彩绘壁画。房顶也已坍塌，墙壁亦遭破坏，庙内供奉的彩绘泥塑神像已经被砸坏。经发掘清理，从废墟中出土了若干泥塑女神像残块，其外表光滑，涂成淡红色或红色。据测量，泥塑人像最小者与真人相仿，最大者有真人的3

倍！同时出土的还有泥塑大鸟的翅膀、"猪龙"的鼻子、鹰的爪子等。最令人振奋的，是发现了一个基本完好的泥塑女神头像。她和真人头大小相同，面部涂红色，眼窝内镶嵌的眼球为淡蓝色圆饼状玉片，形象逼真，栩栩如生（见图3）。她的出土，一时间使幽静的山谷沸腾了。

图3　牛河梁"女神庙"
出土女神头像

　　发掘者根据出土文物判断，这里是一座供奉女神的庙宇。这些多姿多彩、栩栩如生的女神像，很可能象征着当时的统治者或统治者的祖先，她们之间有中心、有层次的"神统"，应是人间等级制度的反映。

　　有专家指出，牛河梁出土的女神像，"并不单单是一尊孤立的女神头像，而是矗立在苍翠群山之上、女神成群排列于其内的雕塑宝库中的一件珍品。如果说，秦始皇兵马俑是我国封建社会的第一个艺术高峰，那么，牛河梁'女神庙'群像可以看作我国文明黎明时期的艺术高峰"。

　　实际上，牛河梁"女神庙"考古发现的主体部分应在牛河梁山顶的中央部位，在这里，考古学家发现了一个南北长175米、东西宽159米的"大平台"，其边缘上有用石块垒砌的石墙，台上散布有红陶片、红烧土块和墙皮。因此，这里很可能有过大型宗教建筑物，所谓"平台"不过是这个建筑物的高台基址（神庙或神坛）。上述"女神庙"位于"大平台"之南18米处的缓坡上，位置不居中央，规模居次，应是"大平台"的附属物。

在"大平台"附近，还有其他的附属遗存。在北侧一片东西长13米、南北宽5米的红烧土块堆积中，发现的一只大型泥塑人耳，显然是神像上的一部分。"平台"附近还发现几座坑穴，有的填满筒形陶器的碎片，有的内填灰烬，其中还有陶器、石器和兽骨等，显然都与祭祀有关。位于"女神庙"南900米处，还有一座红山文化祭坛，平面呈圆形，有3层台阶，外墙用3圈淡红色花岗岩石桩围成，内填土。据测量，底层石桩圈直径22米，顶层石桩圈直径11米，每层台阶高0.3～0.4米。在中层和顶层台阶上堆积着许多石块，并散布若干红陶筒形器残片。

在牛河梁附近，分布着若干积石冢，多坐落在一个个山丘的顶部。其中，2号地点积石冢在"女神庙"正南900米一带，有3座积石冢（分别编号Z_1、Z_2、Z_4）呈东西向一字排列，范围总长110余米，都是用石头砌墓，周围用石头砌墙包筑，顶部再用石头封闭，平面形状为方形或长方形。如Z_2号冢平面近方形，南北长18.8米，东西宽17.5米。冢内正中央是一座大型石椁墓；东、北、西三面6～8米处各有一道石墙，连成门字形，墙厚约3米；南面无石墙，但有一道3米宽、5～7厘米厚的碎石带，内杂彩陶筒形器碎片。

牛河梁"女神庙"南一公里处有一座小土山。

1989 年，经过科学发掘，证明它是人工建造的，外形呈多台阶圆台状，外表包砌石头，内填经过夯打的几十万立方土，现存高度 20 余米，基部直径 100 多米。从底到顶，石墙圈逐步缩小、逐层抬高，顶部是圆形平台，散布有 1500 多件熔炼红铜的坩埚片。有人推测，这座大型土石建筑物可能是辽西原始文明古国祭天的神坛；有人认为，这可能是红山文化时代的君王陵墓。

红山文化的庙、坛、冢，每一项都很值得重视，实际上，它们原本是属于一个有机的整体。大量的考古材料证明，在牛河梁及其周围 50 平方公里的范围内，比较集中地分布着红山文化后期的墓冢、神庙和祭坛，它们都选址于大小不等的山丘的顶部，形成了一个规模相当庞大的宗教圣地。庙、坛、冢三位一体，选址集中，规模恢宏，绝不是一个小的人群组织所能建造、拥有的，至少属于大的部落联盟，很可能属于早期国家。考古学家苏秉琦指出，牛河梁的考古发现，"说明了我国早在 5000 年前，已经产生了植根于公社、又凌驾于公社之上的高一级的社会组织形式"。

总之，通过红山文化的庙、坛、冢，我们可以看到，早在 5000 年前文明的曙光已照临辽河流域。

太湖地区的祭坛与"坟山"

良渚文化是以太湖地区为中心的一支新石器时代文化，因 1936 年发掘的余杭县良渚遗址而得名。

　　良渚文化的祭坛，1987 年最先发现于浙江余杭县安溪乡下溪湾村的瑶山山顶。瑶山是一座海拔 35 米的小山包，背靠天目山的崇山峻岭，面对广阔的冲积平原，地理环境优越。从平面看，瑶山祭坛呈方形，边长约 20 米，由里外 3 部分组成。最中心是一座红土台子，南北长 7.7 米，东西宽 6.2 米；围绕红土台子有一道围沟，宽 1.7～2 米，深 65～85 厘米，内填灰土。在灰土沟的南、北、西三面，是用黄褐色土筑成的土台，分别宽 5.7 米、3.1 米、4 米，东侧是自然山土。外圈土台上铺设砾石。在祭坛边缘的西北部，有一道曲尺状石带，系用砾石砌筑而成，总长约 22 米（见图4）。该祭坛采用红、灰、黄三色土筑成，并用石头包砌坛边，设计建造规整。考古专家认为，这是一座以

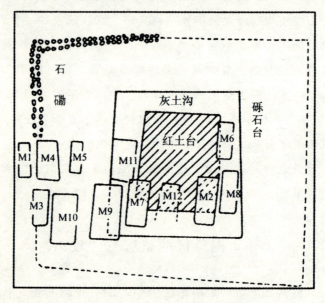

图 4　余杭瑶山遗址良渚文化祭坛平面图

祭天礼地为主要用途的祭祀坛。

在瑶山祭坛的南半部，有两排良渚文化大墓，南6座，北5座。墓内有棺椁，随葬品主要是大量精美的玉石器，共645件（组），包括钺、琮、冠状饰、三叉形饰等，皆精工雕刻有神灵徽像，是重要的礼器。还有49件陶器。这些分布在祭坛上的大墓，与祭坛有不可割裂之关系。

1991年6月，在浙江余杭县瓶窑镇又发现一座良渚文化祭坛。该祭坛坐落在一个名叫汇观山的土山顶部，平面呈东西长、南北窄的长方形，总面积近1600平方米。在其中部，挖有一个口字形闭合沟，沟内填充灰色土，使祭坛的平面土色形成内外三重色调。在低于坛顶2米多处，又有向外平伸的地面，说明该祭坛原来起码有两层台阶，形制与瑶山祭坛基本相同。在祭坛西南部发现4座良渚文化大墓，其中4号墓是目前所见良渚文化墓葬中规模最大者，长4.8米，宽2.6米，棺椁齐备，随葬品丰富，仅石钺一项就有48件。

上海青浦县重固镇的福泉山是一座人工堆筑起来的土山，平面近方形，东西长94米，南北宽84米，高7.5米。东、西、南三面为斜坡，北面呈二级台阶状。山顶平整，分布有良渚文化祭坛和大墓。祭坛位于山顶平台的中央，南北长7.3米，东西宽5.2米，呈阶梯状结构，即由北向南形成3个依次增高的台阶，每阶高约30～40厘米，每个台面的边缘都堆有土块，围成不十分规则的长方形。坛面和土块都经过火烧。

在最高一层坛面上的东南角，用土块摆出一个小方框，内有一件陶缸，缸口上盖有一块长 1 米、宽 0.4 米的土块。据发掘者研究，认为"这是一处举行大型燎祭活动的场所"。在福泉山上也发现了良渚文化墓葬，其中显贵大墓皆在山顶平台上。令人吃惊的是，福泉山良渚文化大墓不但拥有许多精美的玉石器和陶器，而且有的大墓还有人殉葬或用人作祭品。很显然，在这个花费大量人力物力筑造的高台上占有一席之地者，绝非普通的人物。

浙江余杭县长命乡雉山村南有一座土山包，名叫反山，平面呈 8 字形，东西总长约百米，南北最宽处 30 米，现存高度约 4 米。经发掘确认，这是一座良渚文化人工堆筑的土山，在它的周围至今还有一些大大小小的池塘，应是当初取土筑山时所形成的。在反山的顶部，发现一组良渚文化大墓，考古专家认为反山是专为安置这些大墓而堆筑起来的"坟山"，总土方 2 万立方米。在现已发掘的 660 平方米范围内，共发现良渚文化大墓 11 座，大体分成南北两排。墓内皆有木棺，随葬品丰富，出土玉器 3200 多件、石器 54 件、陶器 37 件及少量象牙器和漆器等。绝大多数随葬品均精美漂亮，其中有不少堪称艺术珍品。能够驱使大批劳动力建造如此大的墓冢，随葬大量象征财富、神权和兵权的玉礼器的人，在当时（公元前 3000～前 2800年）必然是凌驾于普通大众之上的显贵。

从出土的良渚文化玉器上我们可以看到良渚文化祭坛的图像：坛体陡高，上部有 2 层台阶，顶部是个平台。坛顶的神鸟、坛体上的负日神鸟和太阳神徽，表示祭坛的用途，即良渚文化人在坛上祭祀太阳神。

专家指出，以瑶山祭坛为代表的良渚文化祭坛，是巫觋们表现"神"的存在和行使神权的专门场所，而祭坛的主事者（祭师或巫觋）则是神的代言人，是神权的执行者。埋葬在祭坛上的人，就是在祭坛上祭祀神灵、行使神权的巫师。另有学者认为，瑶山祭坛上大墓中的死者，应是良渚文化人的酋长和军事统帅。也有人说，他们很可能是酋长兼军事统帅和巫师。这些看法实质上是认为大墓附属于祭坛，与瑶山、汇观山祭坛筑成于前、大墓建造于后之情况相符，但福泉山是大墓建造于前、祭坛筑成于后，祭坛压在大墓之上。故此，有学者认为福泉山祭坛是为祭祀大墓而设置的。

很显然，良渚文化祭坛与坟山是一项重要的礼仪性建筑物，耗费了大量人力财力，却只为少数显贵所把持和霸占。那高高在上的坟墓，正形象地说明了他们高高在上的社会地位。因此，一个压迫和剥削他人的权贵集团确实存在，且已经组成了不同于原始社会权力机制的新型权力中心——有人称之为初级国家政权。

这里要着重指出的是，与牛河梁一带的红山文化祭坛、积石冢有所不同，余杭一带的良渚文化祭坛、坟山并非孤立的宗教建筑，从其规模与内涵来看，应是良渚文化的政治、文化中心。尽管目前还没有发现城墙，但这个地方实际上已具备了早期城市的主要条件。如果确像许多专家所认为的，良渚文化已建立了初级国家政权，那么余杭县的良渚文化巨型聚落中心，便应是这个国家的都城。

神秘符号和神灵徽像

（1）陶器上的神秘符号。早在新石器时代前期，我国先民已在陶器上刻画符号，这一传统后来在新石器时代后期得以继承与发展，有代表性的是良渚文化、大汶口文化陶器上的刻画符号。

良渚文化陶器上的刻画符号，主要见于3个地方：一是浙江余杭县。1936年出土的良渚文化陶器上有5个刻画符号，近年来，又陆续发现一些刻画符号。二是上海地区。马桥遗址和亭林遗址出土的良渚文化陶器上的刻画符号，基本上都具有汉字的结构，有的与甲骨文中的有关字非常相像。三是苏南地区。在澄湖遗址出土的一件鱼篓形黑陶罐的腹部，发现4个刻画符号（见图5），其中的3个符号在甲骨文中可以找到与之类似的汉字。

图5　良渚文化的刻画符号

关于这4个符号的识读和含义，专家们看法不一，学者们一般认为应该表达一个特定的意思。有学者推测说"它们似乎记录了距今4000多年左右澄湖地区一个以鱼为图腾的强大的部落联盟，曾经征伐吞并了许多与之毗邻的擅长造船的氏族这样一个重大的历史事件"，或者"是一个以鱼为图腾的部落曾经制造了一批玉戚的记録"。另有人说这是"最古的太阳年星历记录","表示了渔者生产、生活的一个过程"。无论怎样解释,论者都倾向于这是我国的原始文字。有学者据此指出:"良渚文化原始文字已经发展到能够用多个并连的原始文字表达比较完整的内容、组成一个简单的句子。"若果真如此,那么,良渚文化已进入文明黎明期之说,又将增添一条有力证据。

在大汶口文化的陶器上,也曾发现一些神秘的符号。经对已发现的 20 例排比分析,这些神秘符号大体可以分成 4 种:

第一种是权杖的象形（见图 6）。其一为短柄钺状,钺柄上有冠有镦,全形与余杭瑶山出土的良渚文化玉钺基本相同,已故古文字学家唐兰将其释读为"戉"。有人进而认为,这一符号描绘的是象征兵权的权杖。其

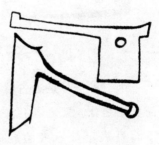

图 6 大汶口文化陶尊上的符号

二为短柄锛的侧视图像,唐兰先生读为"斤"。斤本是工具,但此"斤"柄端有镦,绝非普通工具,应已演化为礼仪之器,即权杖。

第二种是以太阳为主要表述对象的符号（见图7）。最完善者由 3 部分组成,上首是一个圆圈,表示太阳;中间是近似月牙状的火焰纹,表示太阳热而亮;底下是五峰山形,说明太阳运行于天空。有的省略了五峰山。这种符号或释为"旦",或释为"炅",或读

做"昊",都与太阳有关。有人指出,它们是大汶口文化人所崇拜、祭祀的太阳神的徽像。

图7 大汶口文化陶尊上的符号

　　第三种符号是远古时代羽冠的象形(见图8)。有简、繁之分。繁复者上首是冠徽,中间是冠体与羽翎,下面是表示戴冠者脸庞的倒梯形,严格说,这是个

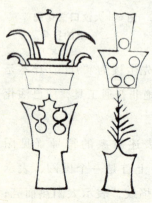

图8 大汶口文化陶尊
上的符号

"神人"或君王的头像。稍简化者只留羽冠,最简单者又省去羽翎,只保留一个冠徽。历史学家李学勤指出,这种符号"显然是象形的,所象的可能是一种饰有羽毛的冠",这种羽冠的图像,在山东龙山文化玉器上仍然可见。可能是"皇"字之初体。

第四种符号作弧边四角形。是不是文字，专家们有过激烈的争论，现在许多人把它们当做了原始文字，其中唐兰先生对它们的评价最高，说它们与商周时代的文字一脉相承，"已经是比较进步的意符文字"，而"这种文字工具在当时是被富人和奴隶主阶级所占有的"。他认为"从大汶口陶器文字可以看到中国古代文化的黎明"。考古学者邵望平认为，"陶文的出现，说明社会上已产生了既能祭天、观象又能刻文画字的'知识阶层'。大汶口文化的陶文是闪现在我们眼前的远古文明的火花"。她论证大汶口文化陶文出现于公元前 2500 年前后。

尽管在良渚文化和大汶口文化陶器上发现的刻画符号是否属于文字尚未在学术界形成共识，但这些刻画符号无疑是富有积极意义的文明元素，是远古时代文明的火花。星星之火，可以燎原，若干文明元素的汇积过程，正是文明社会的孕育过程。

（2）玉器上的神秘符号与神灵徽像。大汶口文化陶尊上的神秘符号，在良渚文化玉器上也曾发现。现藏美国弗利尔美术馆的一件良渚文化玉镯上，以及中国历史博物馆收藏的一件良渚文化玉琮上均刻有一个太阳徽像，即一个圆圈下有一团火焰，即所谓的"昊"或"昃"；上海博物馆所藏一件良渚文化玉琮上刻有一个更简化的太阳徽像，即一个火焰纹；台北故宫博物院所藏一件良渚文化玉琮上刻有一个弧边四角形；美国弗利尔美术馆收藏的一件良渚文化玉璧上刻有鱼骨状符号。基本上可以断定，这些符号在良渚文化玉器上的出现，与受大汶口文化影响有直接关系。

此外，良渚文化玉器上还雕刻着其他的神秘符号和神灵徽像。有代表性的可分为 3 类：

第一类是"阳鸟神坛图"。神坛呈盾牌状，顶部有左右对称的 3 层台阶，坛顶树立一根神柱，柱顶站立一只神鸟（有的神鸟直接站在神坛上），神坛轮廓线框内填刻太阳纹或神鸟驮日纹。坛、柱、鸟俱全者，见于美国弗利尔美术馆所藏的两件玉璧、北京首都博物馆收藏的一件玉琮和台北故宫博物院收藏的一件玉璧。另外一些属于简化型。这些神秘符号的含义，学者们比较一致的看法是：坛体上刻画的太阳徽像和负日神鸟，代表的都是太阳神，立于神坛顶上的神鸟是太阳神的化身。也有学者把这类符号视为原始文字，拆开来释做"鸟"、"山"，合起来读为"岛"。

第二类是单独的鸟形象。在新近出土的良渚文化玉琮、玉钺和半圆形玉饰上都屡有发现，其形象已做了艺术变形处理，但仍可一眼看出是鸟。有的鸟身画成同心圆形，使我们很自然地联想到"阳鸟神坛图"中的"阳鸟"。极可能，它们也是太阳神的化身。

第三类是人兽（人与鸟）合一的神灵徽像。其完整图像首次发现于余杭县反山出土的玉琮、玉钺上。神人头戴宽大的羽冠，双臂平抬，两手扶在腰间的璧形物上，双腿盘坐，足作兽爪状，在盘屈的腿间露出 4 枚尖尖的獠牙。所谓的神兽，指兽面的正视图——神人腰间的璧状物是兽眼，身腰是兽鼻，盘屈的双腿构成兽口，人兽合一，以人为主。也有不同简化程度的

"人兽神徽"刻在良渚文化玉器上（见图9）。由此可见，良渚文化人所崇拜的神祇主要是人神（祖先）和天神（太阳，包括象征太阳的阳鸟），当时的宗教崇拜已从原始的图腾崇拜中挣脱出来，祖先崇拜已经确立，并占据了主导地位，这与商周以来文明发达时期的情况相一致。

图9　良渚文化玉琮上的人兽神徽

　划时代的发明

公元前 3500 ~ 前 2300 年，华夏大地上产生了一系列重大发明，它们既是文明的基础，又是文明的要素或因子。

（1）城的产生。城市是现代文明的标志和凝聚体，在世界文明史上，城市的出现，便宣告了文明的到来。

因为当产生文明的物质因素积累到最后阶段时，各个人群集团之间为了争夺人口和财富而进行的战争，也达到了空前的激烈程度，因此，作为防御工事的城市便应运而生了。恩格斯在《家庭、私有制和国家的起源》一书中指出："在新的设防城市周围屹立着高峻的墙壁并非无故：它们的壕沟深陷为氏族制度的墓穴，而它们的城楼已经耸入文明时代了。"这就形象而深刻地揭示了城市的出现是氏族社会最终消亡和文明社会终于诞生之重要标志。因此，有城墙和城壕的城市，是文明社会的一大标志。

城市在我国的起源时间，古人的说法有多种：一说是神农发明的，如晁错说神农教人造石城，城墙高百仞，城壕宽百步。一说是黄帝创筑城郭，如《史记·封禅说》说"黄帝造五城十二楼"。一说是鲧、禹父子发明了城郭，如《世本》说"鲧作城郭"，又如《吴越春秋》说"鲧筑城以卫君，造郭以守民，此城郭之始也"。众说不一，难辨是非。因此，要解决我国的城市起源问题，必须依仗考古发现。

据目前掌握的考古学材料，我国城市的起源起码可以上溯到公元前 2500 年以前。据知，目前在长江流域发现的年代最早的古城，计有湖南澧县城头山古城、湖北天门市石家河古城、石首市走马岭古城、江陵县阴湘古城、荆门市马家垸古城。它们均属于长江中游地区的屈家岭文化。

天门石家河古城平面近方形，边长 900 ~ 1000 米，城内面积约一平方公里。城墙用土夯筑而成，城外有壕沟环绕，城内是岗地之间的一片平坦土地，遗迹遗物相当丰富。

澧县城头山古城坐落在一片高岗地上，平面呈圆形，直径约 310 多米。夯土城墙的基宽约 20 米，墙体两面有坡，内坡缓、外坡陡。城外有护城河，宽 35 ～ 40 米，深约 4 米。东、西、南、北各有一座城门。东城门的路面用直径 5 厘米的河卵石铺成，宽 5 米。北门是通向城外的水门。城内中部，有由几个长方形夯土台基构成的建筑群（见图 10）。石首走马岭古城，平面呈椭圆形，周长约 1500 米，有 4 座城门。地势为城内高、城外低，现存城墙距城内地面约 5 米，距城外地面 10 米以上。据专家研究，屈家岭文化的年代是公元前 3000 ～前 2600 年，因此，上述几座屈家岭文化

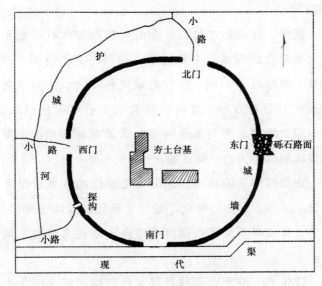

图 10　城头山古城平面图

古城便是公元前 2500 年以前的防御工事了。

在黄河流域，建造于公元前 2300 年以前的早期古城，已发现十几处。其中，内蒙古凉城老虎山古城位于蛮汗山南麓向阳坡地上，城墙用石头包外表，内填土和碎石，宽 1 米。城址平面呈不规则几何形，面积约 13 万平方米。北城墙有城门两座，城门内侧有石砌门房。东西城墙外有护城壕。城内依山坡陡缓修成层层台地，共 8 阶，每层台地上以二三间为一组沿山坡走向成排建造房子。位于老虎山城以西 5 公里的西白玉石城，地貌、石城墙的形状及建筑方法与老虎山城相似，规模约为老虎山城的一半。老虎山城以东 5 公里有板城石城，再往东有大庙坡石城。以老虎山石城为代表的这组石城，建筑年代均在公元前 2800～前 2300 年。

此外，在内蒙古包头大青山南麓也分布有一组龙山文化时代的石城，主要包括威俊、阿善、西园、莎木佳、黑麻板等古城。这些石城规模不大，一般仅数千至一二万平方米，城内往往有用土石堆砌的祭坛。在内蒙古准格尔旗与清水河县之间的黄河两岸，也发现多座规模不大的早期石城。

在黄河中下游地区，龙山文化时代的古城皆以夯土筑造城墙，其建造年代，或早于夏代，或属于夏代，其中，肯定早于夏代或很可能建造于夏代之前的古城占多数。

1986 年，在河南郾城县郝家台发现一座龙山文化中、晚期（公元前 2600 年左右）城址，城墙宽 5 米，城址南北长 220 米、东西宽 164 米。城内有成排的房子，有的房子里铺设着木地板，相当讲究；有的房子 8 间相连，长达 20 余米，很有气派。

1979 年，在河南淮阳县平粮台发现一座龙山文化中、晚期（公元前 2300 年以前）古城，平面呈方形，边长 185 米。城墙顶部宽 8～10 米，基部宽约 13 米，现存高度 3 米多。在南、北城墙中部各有一座城门，南城门的两侧还建有门卫房，系用土坯垒砌而成。城门及城内多处道路下面埋设着 3 列陶质排水管道，显示出当时城内有一定规模的地下排水系统，城市设施已较进步。城内分布一些长方形排房，有的平地起建，有的建在夯土高台上。这些房子普遍采用土坯砌墙，其中 4 号房有 0.7 米高的夯土台基，房子坐北朝南，东西长 15 米多，南北宽 5.7 米，房内有 3 道土坯隔墙，将整座建筑分割为 4 间。这类十分考究的房子当系该城统治人物的住所，已具有宫室性质，值得注意的是，出土文物证明城内有人从事炼铜工作。

1931 年开始发掘的安阳后岗遗址，有一段长 70 米、宽 2～4 米的夯土墙，当是个龙山文化城堡。根据 70 年代对后岗遗址的发掘资料，龙山文化的年代为公元前 2700～前 2100 年，按考古学家尹达在《新石器时代》一书中的分析，后岗遗址的夯土墙是龙山文化居民在仰韶文化的废墟上建造起来的，因此我们估计后岗夯土墙应建造于夏代之前。

1991 年秋至 1992 年夏，山东大学考古专业在山东邹平县苑城乡丁公村发现的一座龙山文化时代古城，平面略呈方形，城墙宽约 20 米，现存高度 1.5 ~ 2 米。城南北长 350 米、东西宽 310 米。城外有护城壕，宽达 20 多米，深 3 米多。学者推定该城大约存在于公元前 2600 ~ 前 2000 年，总共经历了五六百年，直到夏代仍矗立在东方。

坐落在河南省辉卫市孟庄的龙山文化古城，平面呈方形，边长约 400 米，城墙宽 5.5 ~ 8.5 米，城外护城壕深 5 米多。专家推断，约建于龙山文化中、晚期之际，即公元前 2400 年前后。

按照《礼记》和恩格斯在《家庭、私有制和国家的起源》的说法，城郭沟池的出现，便标志着文明社会的到来，则我国在公元前 3000 ~ 前 2500 年的时候就进入了文明社会，因而有学者提出了"古城古国"的看法，认为上述古城代表着我国的初级文明——早期国家——的诞生。但也有学者持更谨慎的态度，认为目前发现的夏代以前的古城，是由氏族公社向国家转变过程中的产物，是氏族公社开始向国家进化的标志，尚处于国家形成的前夜。

（2）冶金术的发明。在科学界，人们通常把冶金术的发明看成是人类社会进入文明时代的一大标志，而我国的夏、商、周文明正是以发达的青铜文化而著称。实际上，在夏代以前我国人民已经发明了冶铜、铸铜技术。据我国古代史书的记载，黄帝曾采首山之铜铸鼎于荆山之下。考古发现证明，早在仰韶文化和龙山文化时期，我国已有不少地方掌握了冶铜技术。因为，考古工作者已在陕西临潼县姜寨遗址发现仰韶文化的铜片和铜簪（属黄铜），在辽宁牛河梁出土红山文化的红铜环，在陕西渭南县北刘遗址发现仰韶文化的铜簪，在甘肃东乡县林家遗址发现马家窑文化的铜刀和炼铜残渣，在山西榆次县源涡遗址出土仰韶文化时期的铜渣，在内蒙古的西台遗址发现红山文化的陶范，在山东泰安市大汶口文化墓中出土的骨凿附着有铜锈……在河南临汝县煤山、淮阳县平粮台、郑州市牛砦和董砦、登封县王城岗，山东诸城县呈子、长岛县北长山岛店子、栖霞县杨家圈、日照市尧王城、胶县三里河，河北唐山市大城山，甘肃永登县连城等遗址，也都发现过龙山文化时代的小件铜器或铜器残块、炼铜渣、炼铜炉具碎块等，它们的年代有的早于夏代，有的则可能属于夏代早期。

如果说，对于我国人民在 5000 年前是否真的掌握了冶金技术，有少数学者还持怀疑态度的话，对于在龙山文化时代我国确实已有冶金术的发明推广则几乎无人有异议。因此可以肯定，早在夏代以前，冶金术已在华夏大地传播开来，至于冶金术在我国的最初发明，则可前推至公元前 3000 年左右。

（3）水井的发明。水井的发明是上古时代先民在与自然搏斗中所取得的重大成就之一，是文明起源史上具有重要意义的事件。有了水井，才使人们获得了更多的生活和生产自由，为人类社会的进步提供了新的条件。人们从此可以脱离河流湖泊等自然水源，选择易避水患、适于农耕、交通便利而又地势平坦开阔、宜于建立大型聚邑乃至城市的地方居住；有了水井，人们才获得了卫生水源，有利于人的健康；有了水井，灌溉农业的产生在许多地方才有了可能。因此，水井的发明，是一项不可忽视的文明因素。古代文献中有"伯益作井"的记载，即说伯益发明了井。伯益是尧、舜时代人物。考古发现证明，水井确实出现较早。

1957 年，在河北邯郸的考古发掘中便发现了两口龙山文化的水井。70 年代在河南汤阴县白营遗址发掘的一口龙山文化早期的水井，有 2 层井口，上口长 5.8 米、宽 5.6 米，在深半米许处收缩为小口，长 3.8 米、宽 3.6 米，井深 11 米，井壁用木棍层层垒叠而成。近年在山东章丘市城子崖龙山文化古城内，发现了分布密集的水井。在浙江嘉兴、余杭和江苏昆山、吴县等地，都发现过良渚文化水井。昆山县太史淀遗址的水井使用木构井圈，即把大树去皮后剖成四五块长约 2 米的弧形木板，凿孔拼合而成。在余杭县庙前遗址发现的一口水井，也使用木井圈，平面呈方形，系用长 1.3 米的方木凿榫接合而成。

（4）丝织的发明。我国古代人民曾为世界文明做出过许多重大贡献，丝织品的发明便是其中的一项。我们知道，商代的丝织业已相当发达，后来中国丝绸源源运销西方，形成了著名的"丝绸之路"。那么，中国的养蚕业和丝织技术产生于什么时候呢？古代曾流行一个传说，说黄帝的元妃嫘祖发明了养蚕，治丝茧供纺织。这个传说，考古学家已为我们提供了实物证据。1926 年，在山西夏县西阴村出土一个仰韶文化的蚕茧，许多人据此认为当时已有了养蚕业。1958 年，在浙江吴兴县钱山漾遗址发现的盛在竹筐中的良渚文化丝织品（有丝带、绢片和丝线），经科学鉴定，原料是家蚕丝。丝带宽约0.5厘米，是用30根单纱分10股编织而成的圆形带子。绢片是平纹组织，经纬密度为每平方厘米48根。据科学测定，该遗址的年代在公元前3300～前2600年。另外，在吴江县梅堰遗址出土的良渚文化陶器上刻画的蚕纹，更为良渚文化有养蚕业、丝织业提供了新证据。

（5）石灰的发明。石灰的发明也是上古时代的一项创举。考古发现告诉我们，石灰一问世，便被运用到房屋建筑上。近年来，在河南偃师市二里头遗址曾多次发现过的仰韶文化晚期的石灰墙皮，系石灰、沙子、小石子的掺合物，坚硬且表面光洁。

到了龙山文化时代，石灰被广泛地运用到房屋建筑上，在黄河中下游地区则普遍用做地坪面。如在河南汤阴县白营遗址便发现许多龙山文化的石灰窑、石灰球、3件涂抹石灰的石抹子及石灰地坪的房子，有的房子还用石灰做"墙裙"。在河南安阳市后岗遗址，也发现大量"白灰面"房子，用石灰不但做房屋的地坪面、墙裙，而且还抹在窖穴的周壁与底部，甚至用于柱子防潮防腐。另外，近些年来的河南、山西等地发现过龙山文化的石灰窑。

总之，考古发现的仰韶文化晚期以来的白灰，应该是人工烧制的石灰，是我国人民在建筑材料方面的一个发明创造。

在甘肃秦安县大地湾遗址发现的一座"殿堂"式

巨型建筑（详见本章"巍峨殿堂"一节），在建造主
室地坪时，使用了人造轻骨料和人造胶结材料，与砂
子、小石子拌合后，铺成的地坪平整坚硬，色泽光亮，
外观极似现代水泥地坪。经科学测试分析，认定其所
用的人造胶结材料的物理、化学性能都近似于现代水
泥。经用回弹仪检测，该地坪至今尚保持每平方厘米
抗压 120 公斤的高强度，约与 100 号水泥砂浆地面的
强度相等。这又是一个了不起的创举！

7 巍峨殿堂

凡是一个国家政权，总要有一个庞大的建筑物乃
至建筑群作为权力的中心和象征，古今中外，几乎没
有例外。

早在新石器时代前期，我国已有规模超常的"大
房子"，在整个聚落建筑群中鹤立鸡群，显得非常突
出，一般认为是氏族部落举行会议的会场兼酋长住所。
到了新石器时代晚期，产生了规格更高的大型公共建
筑，有的已具有宫殿雏形。

1983 年，甘肃省文物工作队在秦安县大地湾遗址
发掘出一座仰韶文化晚期的大型建筑物（见图 11）。
它坐北朝南，整组建筑由主室、东西侧室、后室和前
轩组成。主室居中央，平面大致呈长方形，前宽后窄，
纵横中轴线分别长 8 米、16 米。正门在南墙中央，门
道稍低于室内地面，门宽约 1.1 米，门外设置门棚，
宽约 1.2 米、长约 2.6 米。正门的两侧，各设一个旁

图11 秦安大地湾遗址殿堂式建筑发掘现场

门，东门宽 1.2 米，西门宽 1.5 米，有木门框、木门
槛。主室东、西墙的北部，各设一个侧门，门宽 1 米
以上。室内地坪光洁平整，很坚硬，呈青黑色，外表
极似现代水泥地坪。主室中央有一圆形火台，是用泥
围筑成的，已烧成红褐色，火膛内还有草木灰。主室
的墙壁是木骨草泥墙，总厚度在 0.4 米以上，内壁面
平整光滑，质地坚硬，呈青灰色，是用人工煅烧的建
筑材料抹成。主室内共使用 24 根木柱，其中顶梁柱两
组共 4 根，位于室内偏北部，分别与南墙上的两个旁
门相对应。主柱相距约 8 米，柱底铺垫青石大柱础，
柱径 0.5 米。主柱的东、西、南侧各立一根辅柱，柱
径 10～20 厘米不等。柱子的外表均包有草泥防火层。
主室前后墙各有 8 根附壁柱，柱子的一半包在墙内，
另一半凸出墙外（也包有草泥防火层）。上述 24 根柱
子可分成梁柱与檩柱两类，共同构成了屋顶支撑体系。
前轩在主室的前面，是一座没有墙壁的广厦，地面上留

有东西向呈 3 排、南北向呈 6 排的 30 根柱子的遗穴，有的柱子下垫有青石础。前轩的东西长度约与主室相同。

这是一组不同寻常的建筑。它事先经过周密设计，布局严谨，主次分明，与我国古代宫殿由前堂、后室、左右厢组合而成之模式极为相似！甚至可以认为，它就是我国早期宫殿建筑之前身。宽阔的殿堂和广厦，雄伟庄严，显然是举行大型会议或祭祀、庆典活动的公共场所。室内出土的陶器多形体特别大（一件四足皿的口径达 46 厘米，一件缸的口径达 60.5 厘米），有的陶器造型奇特，为普通居址所未见，因而发掘者认为它们是"某种场合下专用的一组陶礼器"。同时出土的一件石圭，通体磨光，三面有刃，长 21.6 厘米，应该属于我国传统的礼器——圭。凡此均表明这组建筑应是用于大型公共活动的场所。《光明日报》曾以《甘肃出土五千年前殿堂遗址》为题，报道了这一重大考古发现，表达了学术界对大地湾遗址仰韶文化时期巨型建筑的高度重视和评价。据科学测定，秦安大地湾仰韶文化"殿堂"距今约 5000 年左右。

浙江余杭县大观山是个良渚文化居民利用自然土岗修垫而成的巨大土台子，东西长 670 米、南北宽 450 米，上面排列着 3 个更高的土台，分别叫做大莫角山、小莫角山、乌龟山，都是由人工堆筑起来的。1987 年，浙江省文物考古研究所在大观山发现了良渚文化大型建筑遗迹——大量被火烧过的土坯经砸碎后铺垫为房屋基础。专家分析，这些土坯原属于大型房屋之墙壁，房屋遭火灾焚毁后，墙壁土坯被用做新房子的地基，层层铺垫、夯实。1993 年，在莫角山发掘出一座良渚文化的大型建筑之夯土基址，面积 3 万平方米以上，夯土总厚度约 0.5 米。在已发掘的 100 平方米范围内，有若干柱子洞从南到北分 3 排作东西向排列，各排间距 1.5 米左右。据测量，这些柱子的直径一般在 0.5 米左右，最粗的 0.9 米。在莫角山下还发现一条壕沟内出土有几米长的大方木。北京大学考古学者严文明据此推断，大观山上原先一定有大规模的用土坯砌墙、有大型梁柱等木构件的房屋建筑，后因遭火焚烧，墙倒房塌，墙上土坯也被大火烧红了，于是人们把它们砸碎铺地并加以夯打，作为新房屋的基础。发掘者也认为，这是一处大型礼仪性建筑物，可能是宫殿建筑，或者是庙堂建筑，而绝非普通居住房屋。这样大规模的台基和这样高规格的巨型建筑，其主人显然是权力机构的贵族集团，而这个权力机构，极可能就是初级国家政权。

 ## 礼器与礼制

关于古代文明的一般要素，以往人们通常说是文字、城市、复杂的礼仪中心、冶金术等。具体到中国文明，有没有自己独特的要素呢？考古学者高炜指出："礼，作为古代精神文明的集中表现，它的产生与中国文明的形成是紧密联系在一起的"，"礼乐制度与中国古代文明表里相依、形影相随，应该承认它是中国文明固有的特点和组成部分。"这一观点已为学术界所接受。

礼乐制度的实质是以等级制度为核心的一整套政治体系和道德规范，其目的是"经国家，定社稷，序人民"，即维护国家政权的存在与运行。礼乐制度是属于上层建筑领域的东西，它本身是无形的，它的存在是依托了礼器和礼仪建筑等有形的物质。礼仪建筑包括了宫殿、庙堂、祭坛、陵墓等，它们都是礼制的物化。

（1）礼器。红山文化中有4种最有代表性的礼器。一是玉雕龙形佩。猪首蛇身，颈部有孔可穿绳佩带，目前在辽宁建平、凌源、喀左、阜新县，内蒙古巴林右旗、翁牛特旗、敖汉旗以及河北围场县等地均有所发现。二是勾云形玉佩。主体呈扁圆状，两侧各有一对钩状饰，器体中心有钩云形镂孔，器表雕钩云纹，在今阜新、凌源、巴林右旗等地均发现过，连同征集品在内有十几件。三是箍状玉器。器身呈筒形，一端为斜口（形如马蹄面），另一端为平口，在凌源、巴林左旗、敖汉旗等地出土过。四是玉璧，有单体璧、双联璧和三联璧多种。以上玉器都有特定的型式，都属于礼器。

在红山文化"女神庙"遗址出土的大型祭祀用礼器中，有一件直径1米以上的陶器，涂朱红地彩，绘黑彩花纹。另有一件陶器上压印整齐的"之"字形纹，并雕有20个长方形镂孔。在红山文化积石冢周围，排列许多筒形彩纹陶器，绘黑彩花纹红色陶是专门为积石冢制造的专用礼器。

大汶口文化中的礼器有
玉石器、骨牙器和陶器。玉
器中以玉钺（铲）为代表，
山东泰安市大汶口文化遗址
曾出土 2 件，制作极精致
（见图 12）。骨牙器主要是
用兽骨或象牙雕刻的筒状
器，形似玉琮，雕刻精致，

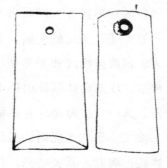

图 12　大汶口文化玉钺

有的镂雕花纹或镶嵌绿松石。陶器中的代表性礼器主
要有陶尊，形体硕大厚重，有的高 60 多厘米，一般只
见于规模大、随葬品多的墓葬中。陶尊上往往刻有神
秘的符号，符号上还涂红硃。

龙山文化礼器继承了大汶口文化的传统，以精巧
典雅、种类齐全的玉器和陶器为特色。陶器中以胎壁
轻薄，陶色黑、光、亮的"蛋壳陶"杯最有代表性
（见图 13）。如在日照市东海峪出土的一件高柄杯，高

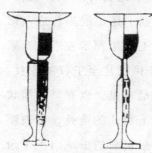

26.5 厘米，细泥黑陶制成，
色泽漆黑光亮，器壁薄似蛋
壳（厚 0.2 ~ 0.3 毫米），精
致无比。

良渚文化的礼器有玉
器、石器、陶器和象牙器
等。象牙器在上海福泉山遗
址发现过，正背面均精工雕

图 13　山东龙山文化
蛋壳陶杯

刻神徽。福泉山 65 号墓出土的一件红陶鼎，器表施黑
色陶衣，通体刻满勾连卷曲的龙形花纹，鼎足上有圆

形和弯月形镂孔。同时出土的一件陶壶，薄胎，表面乌黑光亮，外观似金属，造型犹似翘首伫立的鸟，器表满刻曲折线纹和变形鸟纹，壶上还有一个鸟形太阳神徽。江苏吴县草鞋山第 198 号墓中出土了一组陶礼器，其中：红陶鼎，盖面精心雕刻卷曲的龙形花纹和水波纹，鼎身饰规则的弦纹，鼎足上有圆形和月牙形镂孔；陶壶，器表乌亮，其中一件雕刻鸟纹弦纹和联珠纹，另一件雕刻水波纹和飞鸟纹。

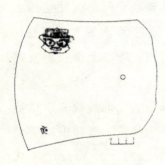

图 14　良渚文化玉钺

玉礼器数量多，种类繁，已发现的 1000 多件中，主要包括钺、琮、璧、冠状饰、三叉形饰、半圆形饰等。钺，形似斧，制作极精，无使用痕迹，有的还雕刻有神灵徽像（见图 14）。不少玉钺安有木柄，柄首、柄尾镶接玉质的冠、镦，有的柄上还镶嵌玉粒或坠饰小玉琮。整件钺的长度一般在七八十厘米左右。专家们一致认定，这是一种标志着兵权甚至王权的权杖。琮，有多种型式，以方柱形者最常见，也有呈圆筒状者，其共同之处是，中心有上下贯通的圆孔，器表雕刻简繁不一的神灵徽像。现知最精彩的玉琮出土于余杭反山第 12 号墓中，高 8.8 厘米，直径 17.6 厘米，重 6.5 公斤，号称"琮王"，上面除了一般玉琮上常见的简化神徽以外，还精工雕刻有神鸟和"人兽合一"神徽。璧，扁圆形，中心有一孔，一般光素无花纹，有的刻有与神灵崇拜有关的符号。冠状饰，已发现几十件，其细部结构虽然互有不同，但它们都是良渚文化"人兽合一"神徽中神人所戴大羽冠的象形，它们几乎无一例外地均发现在墓中死者的头部，其下部有带销孔的短榫，应是镶嵌在死者冠上的徽识，较高级者都雕刻有神像，有的还有神鸟（见图 15）。三叉形冠饰，一般都雕刻有神像，出自一部分高规格大墓之中，皆发现于死者头部。它的中叉有上下贯通的小孔，串联玉管后可悬挂，应是冠上的饰

图 15　良渚文化
冠状玉器

物。值得注意的是，有资格使用三叉形冠饰者，是大型墓墓主中又有特殊身份者。半圆形玉饰为扁平体，背面有隧孔，可缝缀于冠帽上，正面或光素，或雕刻有神像神鸟。石质礼器主要有钺、璧等。还有漆器。

山西地区陶寺类型龙山文化的礼器同样丰富多彩。玉琮数量虽少，但在黄河中游的黄土高原上出土很是珍稀。玉石礼器中还有钺、璧、铲、刀，最引人注目的是大型乐器石磬（见图 16）。在大、中型墓中，有用于置器设奠的木案和由各类陶器、漆木器组成的酒器、食器、炊器等成套礼器，最重要的包括红彩蟠龙纹陶盘、红白彩云纹陶壶以及鼍鼓。后者是采用木质鼓体，蒙以鳄鱼皮，制成大鼓。在商周时期，鼍鼓与特磬是王室和诸侯专用的礼乐器。

甘肃秦安县大地湾"殿堂式"大型建筑基址内出

图16　陶寺遗址出土石磬

土的石圭、四足陶盘、箕状陶器等也属于礼器。

（2）礼制。《左传》中记载有孔子的一句名言，说"唯器与名不可以假人"，是说礼器与爵位名号不可借用。"器"与"名"为什么如此重要？孔子的理由是"名以出信"、"器以藏礼"，"若以假人，与人政也，政亡，则国家从之，弗可止也"。意思是，"器"与"名"都是人们等级制度的体现者，是礼乐制度的寄托物，如果把它们给了别人，就等于拱手让权，政权丢了，国家也就保不住了。孔子简单明了却又非常深刻地阐明了礼器与礼制的重要性。可以认为，成套礼器的存在，以及蕴含其内的系统礼制的产生，应是文明社会的重要标帜。礼器在中国的出现，肯定早于公元前3500年，但礼器形成体系，并鲜明地体现出礼制，则是公元前3500年以后的事情。

大量堪称工艺美术佳品的礼器，被统治者按照身份地位的高低所瓜分。居于社会顶层的高级统治者，人数虽很少，却攫取了绝大多数的高级礼器，而占人口绝大多数的普通民众，却几乎与礼器无缘。那些恢宏壮观的礼仪性建筑，当然只是上层统治者表现地位、行使权力的工具。事实告诉我们，礼乐制度的基础是等级制度，礼乐制度的核心还是等级制度。

还要指出的是，当时社会上流传着数量庞大、种类繁杂、工艺精细的礼器，体现着社会生产的分工与专业化已进步到较高程度。因为这些精致的礼器，工艺复杂，费时费工，非专业人员不可能制造出来。无疑，当时已经有了一支由劳动大众供养的人数众多、素质较高、专为统治者服务的工艺技术队伍，保证这支队伍生存的，并不是商品交换，而是强权统治。

 9　阶级关系与社会分化

公元前 3500 ~ 前 3000 年以来，我国的多数地区相继进入了剧烈的社会变迁时期，物质文化和社会制度都有了飞跃性进步。在这里，我们将主要讨论一下有关阶级关系和社会分化问题。

社会的分化指人与人之间的两极分化，主要表现为贫富不均、阶级对抗和阶级压迫，这在墓葬方面表现得非常突出。

在良渚文化中，大墓与小墓有着天壤之别。大型墓有专门的"坟山"，即动用大批人力营造的高土台，这些高土台虽然是祭坛兼墓地，却使我们很容易联想到我国古代帝王的陵山和古埃及的金字塔。浙江余杭县反山、瑶山、汇观山，上海青浦县福泉山，江苏吴县草鞋山都是在完全由人工堆筑或借原有土丘、小山加以人工修筑的高台上，安置几座至十几座大型墓葬，这些墓葬的规模一般长 3 米、宽 2 米，个别的如汇观山 4 号墓长 4.8 米、宽 2.6 米。它们有棺椁葬具，并随葬数量十分可观的珍贵的玉器和陶器，如反山 20 号大墓中共出土玉器 547 件、石器 24 件、象牙器 9 件、陶器 2 件、鲨鱼牙 1 枚。小墓目前已发现百余座，多数散布在居住地附近，没有专门的墓地，更没有对墓址进行人工堆土加高。墓穴很小，一般长 2 米、宽 0.6 ~ 0.8 米，深不足 0.5 米，仅可容尸而已。随葬品数量很少，而且多属普通陶器，偶尔所见之玉器，也多是珠、管之类小装饰品，绝无礼器。良渚文化大型墓和小型墓在墓地营造、墓葬规模、随葬品数量与品质方面的悬殊差异，说明财产私有制度、贫富两极分化、少数人对多数人的剥削与压迫、高高在上的统治阶级与挣扎在贫苦线上的劳苦大众之间的对立，已发展到不可低估的地步，而在这种社会现象的背后，必定存在着一个维持这种不平等社会关系的强有力的权力机构。

山东地区的大汶口文化墓葬，在公元前 3500 ~ 前 3000 年就已显示出贫富极为不均。在泰安大汶口遗址，属于这一时期的 74 座墓葬中，随葬品超过 30 件者有 6 座，占 8%；而随葬品为 5 件以下者 23 座，占 31%。一些富有的家族已脱颖而出，在邹县野店遗址有 9 座排列密集的大、中型墓，随葬陶器 286 件、玉器 41 件，另外还有梳子、雕花筒等骨牙制品，并随葬若干猪头或整猪。其中的 49 号墓长 3.5 米、宽 2.9 米，有二层台和用原木垒叠的椁室，随葬品丰厚。公元前 3000 年以来，富有的大墓开始与中、小型墓分离开来单独布列，贫富差别更为加剧。在江苏新沂县花厅遗址共发现大汶口文化（或大汶口文化与良渚文化混合体）墓 45 座，南区 23 座墓的随葬品不多，有的仅 1件；北区 22 座墓中，4 座大墓的随葬品都有上百件，还有成套陶礼器，与其他小墓相比，差别悬殊。这些情况说明，当时私有制已确立，社会财富被聚敛到少数权贵手中，而绝大多数人则贫困穷苦。大、中、小型墓葬金字塔式的比例关系，恰是当时社会结构的形象写照。

社会分化和阶级压迫在墓葬中反映最鲜明的，是某些权贵竟然用人殉葬。上述花厅遗址第 18 号墓是座大型墓，长 3.2 米，葬一青壮年男子，除随葬品很多外，在墓主人的右侧，有一女子面向墓主侧身而卧，头插玉簪，腕佩玉镯，大概是男墓主的妻妾。在男墓主人右胸和脚下，各有一具婴幼儿尸骨。发掘者认为墓中的女子和小孩应是殉葬人。花厅 20 号墓是一座更大的墓，长 5 米，宽 3 米，有 2 层台，墓主为一成年男子，仰卧于墓穴中央，头插玉簪，颈挂两串玉珠，腕套玉瑗、玉环，头枕一件双孔石钺，腹部有一件单孔石钺，墓中还有大量随葬物品。在墓主脚前并排着的两具少年尸体和一条狗、一头猪的尸骨，都应是殉葬者（见图 17）。第 16 号墓也属大型墓，在墓主人脚前有一对少男少女的尸体，一仰卧一俯卧，也是苦命殉葬人。在该墓之近旁，还发现土坑内埋有多具幼儿尸体，应是异穴殉葬或杀人祭祀留下来的。在上海青浦县福泉山遗址第 139 号墓内，埋葬一成年男子，在

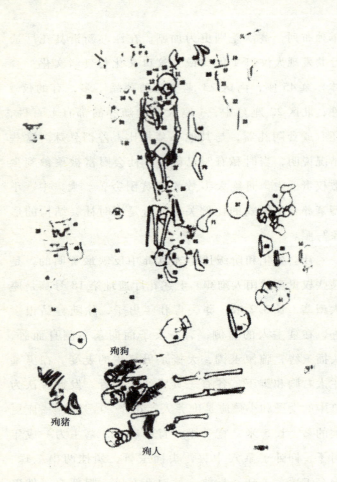

殉狗

殉猪

殉人

图 17　新沂花厅遗址殉人墓 M20

墓主棺木的西北角，埋葬一青年女子，屈肢蜷身，面朝墓主人，发掘者推断其为殉葬女奴（见图 18）。第 45 号墓本身不大，墓北紧贴着有个小坑，长不足 1 米，宽仅 0.8 米，里面塞着 2 具尸体，一为青年女子，一为少年，肢体弯屈，双手反缚于背后，应是该墓的殉葬人或祭祀时埋入的。值得注意的是，福泉山遗址的上述 2 座墓葬，位于山顶平台之中央，位居高台中央的祭坛之下，随葬许多礼器，用人殉葬或祭奠，足以表明死者既拥有许多财宝礼器，又拥有生杀予夺大权，是高层统治者。当时的人们犹如分别生活在天堂、地狱之中。

关于阶级压迫，还有一些考古学材料值得一提，就是埋葬在窖穴、水井和垃圾坑中的人的尸骨这种现象，大约在距今 5000 年前后开始较多出现。在河南偃师市二里头遗址，几座仰韶文化晚期和龙山文化早期的袋状（口小底大）窖穴的底部，

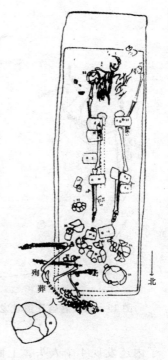

殉葬人　　　　北

**图 18　上海福泉山
139 号墓**

都有人骨架，姿势各异，与正常墓葬中死者的姿态大不相同。河南陕县庙底沟遗址的 2 个龙山文化早期袋状窖穴内也有人骨架，其中一人骨架缺少头骨，显然是被砍头而死的。在陕西长安县客省庄遗址的龙山文化灰坑中发现人、兽合埋一处（见图 19），人的尸骨或身首异处，或肢骨残缺，即便完整的骨架也姿态异常，显然都不是正常的死亡和埋葬。在河北邯郸涧沟遗址的一个龙山文化水井中，埋有 5 层人骨，死者中男女老少都有，或身首分离，或作挣扎状。在一座房

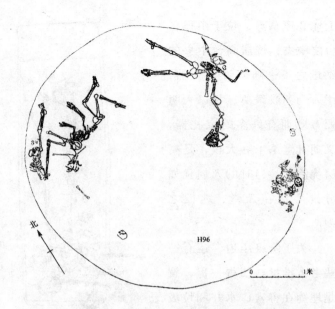

图19　长安客省庄遗址龙山文化灰坑内的人和兽尸骨

子内还发现 4 个人头，上面有砍伤和剥皮的痕迹。

　　关于这些死者的身份，不外乎"罪犯"，或是战争中抓获的俘虏，或是被用来祭祀神灵的奴隶。不管属于哪种情况，上述现象都足以表明当时存在着一部分人对另一部分人的残酷压迫与迫害，社会的不平等，已经从财富不均发展到剥夺他人自由和生命的地步。

　　如果我们放眼一些全局性的考古现象，还会得出一个印象：当时存在着的一些强有力的权力中心，能够组织、调动众多的人口去营造一些大型礼仪建筑，创建大型居住中心或城市。

　　早在夏代以前，华夏大地上已经矗立着一座座用夯土或石块筑城墙的城邑，小者周长 400～500 米，大者周长超过 1500 米或将近 2000 米，仅仅是挖城壕、筑城墙的工程便相当浩大。如邹平县丁公城的壕沟宽 20 米、深 3 米，城墙宽 20 米、高 3 米，其挖土、夯土的土方量合计超过 17 万立方米。章丘县城子崖古城的城墙宽 8～13 米（取中以 10 米计）、高 3 米，城墙的挖土、夯土土方量合计超过 11 万立方米。辉县孟庄城城墙宽 5.5～8.5 米（取中以 7 米计）、高 3 米，城墙的挖土、夯土土方量约 7 万立方米。以当时的工具之简陋，每挖取、运输、夯筑一立方土至少需要 3～5 个劳动日，那么建造这些城邑，大概需要 1000 人苦干半年至一年才能完成。反山这座完全由人力堆筑起来的土山，现存规模为长 90 米、宽 30 米、高 5 米，土方量为 2 万立方米；大观山人工营造的高台建筑基址，长 670 米，宽 450 米，高台上另有 3 座人工堆筑的土台，居于高台之上的大型建筑物用土坯砌墙，用大方木构筑梁架。这样大规模的高台基址和这样高规格的大型建筑，该需要耗费多少人力物力它们的主人不是一般的贵族而应是组成了某种强大权力机构的贵族集团。值得注意的还有，它的周围，分布着反山、瑶山、汇观山等良渚文化祭坛、大墓，还有居住遗址和小型墓葬等，虽然没有发现城墙，但已俨然是一座繁华的早期"城市"，建造、管理和保卫这座"城市"所需要的权力机构，大约已具国家政权的雏形。

在红山文化中，规模庞大的神庙、祭坛、积石冢和其他大型建筑物等宗教礼仪建筑群体，表明当时已经冲破了氏族社会的躯壳。它的创造、管理者，绝不可能是单个的氏族部落，而很可能属于若干个部落组成的联合体，这个联合体，大约已具有国家的雏形。

从大量可靠的材料来看，公元前 3500 ~ 前 2300 年，是我国社会的大激荡、大转变时期。在此期间，至少是我国的中、东部地区，在经历了文明因素的积累期和文明社会的孕育期之后，最终跨入了文明社会之门槛。或者说，这一时期的中华巨人，其左脚虽然仍旧踏在氏族社会的土地上，而其右脚则已迈入了初级文明社会的大门内。

五 成熟的文明——夏代文明

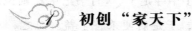 初创"家天下"

中国历史上有个夏王朝，在古代典籍中记载确凿。据说，唐尧授政权于虞舜，舜又传位于夏禹，禹死之后，由其子启继承了王位。关于禹、启父子之间的王位传承，古人有不同的说法。《韩氏易说》说："五帝官天下，三王家天下。家以传子，官以传贤"，说禹传王位给自己的儿子，从而开创了"家天下"这一新制度。《孟子·万章上》记载，万章问孟子：听人说，到了夏禹时道德衰败，不传王位于贤良者而传给儿子，有这么回事吗？孟子回答说：这种说法不对，究竟是传贤还是传子，要看天意。当初，舜死之后，禹为了避让舜的儿子而跑到了阳城，天下之民都追随于禹而不听命于舜之子；禹生前把益定为接班人，禹死之后，益跑到箕山以表示谦让禹的儿子启，但朝觐、诉讼者都找启而不找益，讴歌者都讴歌启而不歌颂益。人们的理由是："启是我们先王大禹之子"，即人们追随启是出于对禹的尊敬和崇拜。尧、舜、禹之所以能够以

"传贤"方式交接权力，是因为尧的儿子和舜的儿子皆非贤能之人，而舜辅尧、禹佐舜的时间很长，为人民办了许多事，所以人民熟悉他们，尊敬他们。夏益辅佐禹的时间短，在人民中还没有树立威信，所以最终是启得到王位。据《战国策·燕策》、《韩非子·外储说右下》、《史记·燕召公世家》等记载，夏禹确实把王位传给了益，但由于启在朝野中的势力占优势，便把政权从益的手中夺走了。《竹书纪年》则说，益妨碍夏启登上王位，于是启便杀害了益。总之，从夏禹开始，产生了"家天下"，王位在父子兄弟之间传承，这种制度在我国一直延续到清代。

夏王朝经历了 13 世 16 王，至夏桀时被商汤所灭。前后经历时间，古人的说法也不同。《竹书纪年》说是471 年，《易纬稽览图》说是 431 年，《汉书》和《帝王世纪》说是 432 年，《路史》说是 483 年。今人据此进行过一些推算，因推算的前提、方法不同，结论也不同。过去一般认为夏王朝建立于公元前 21 世纪，灭亡于公元前 17 世纪。近年有学者根据考古学材料，认为夏代应为公元前 2300 ~ 前 1700 年，总共经历 500 多年。

夏启继承王位，有扈氏不服，双方大战于叫做甘的地方。据《尚书·甘誓》、《墨子·明鬼下》的记载，夏启誓师时"召六卿"发表誓词说："有扈氏威侮五行，怠弃三正，上天让我剿绝其命。战斗中应各尽其责，奋力拼杀。左边的不攻击左方敌人，右边的不攻击右侧敌人，驾马者不尽心尽力，都属于违命失职。我将斩之于社坛！听从命令，拼死而战者，我将在祖庙中进行表彰奖励!"听其口气,是君临天下,手握生杀予夺大权。他提到的官僚有"六卿"、"三正"。六卿即"六事之人",是分掌6个权力部门的最高官吏;三正即"三政",是3种政务的总负责人。《左传》说,薛国的皇祖奚仲是夏王朝的"车正",主管车辆;少康曾做有仍氏"牧正",主管畜牧,后来又在有虞氏当"庖正",管膳食。《吕氏春秋·先识览》说:夏桀暴虐,其太史令便投奔了商汤,由此我们知道夏代还有太史令这一官职。总之,夏代已有国家机构官僚体系。

夏代有刑法,即所谓《禹刑》。《左传》说"夏有乱政而作《禹刑》"。《世本》说"夏作赎刑",《尚书大传》说"夏刑三千条。夏后氏不杀不刑,死罪罚二千馔",即可以用钱财赎罪。夏代有监狱,据说夏桀曾把商汤关押在名叫钧台的监狱里。《风俗通》说,夏代有监狱叫夏台,是桀拘汤之处。《帝王世纪》说,桀囚汤于夏台,在阳翟(今河南禹州市)。

夏王朝有军队,而且军队配备了马拉的战车。《甘誓》所说的"左"、"右",分别指战车上居于左、右的甲士,左边的甲士持弓箭,右边的甲士持矛戈,服马驾车者居中,叫做"御"。

由此可知,夏王朝国家机器已相当健全,百官、军队、刑法、监狱均有设置。

2　探索夏文化的漫长历程

夏文化是个考古学概念,用来指以夏族为主体的夏王国的物质文化遗存之总和。所谓探索夏文化，就是通过考古学途径，去探讨夏王朝的物质文化和社会形态，这在考古学领域是个尚待深入探索而远未圆满解决的重大课题。

从考古学上探索夏文化，始于 20 世纪 30 年代。最初，一些考古学家把仰韶文化遗址看做是夏文化遗址。随后，历史学家徐中舒认为："从许多传说较可靠的方面推测，仰韶似为虞夏民族遗址。"他们的意见得到若干学者的赞同，并在三四十年代盛行于学术界。

到了 50 年代，考古新发现层出不穷，学者们对考古学文化的认识越来越深刻，仰韶文化是夏文化的说法逐渐被摈弃。历史学家范文澜提出龙山文化是夏文化之观点。后来，考古学家安志敏等把夏文化的探索对象进一步缩小到了豫西地区的龙山文化身上。

真正有目的、有计划地系统探索夏文化，应从 50 年代末古史学家徐旭生的实地调查"夏墟"算起。他通过对上百条史料的归纳研究，认为河南的洛阳平原及其附近（尤其是颍水上游的登封、禹州一带）和山西西南部汾水下游地区，是史传夏人的中心活动区域，因而是探索夏文化的两大重点地区。

60 年代以来，学术界把探索夏文化的目标集中到了中原龙山文化和二里头文化上。二里头文化是以河南偃师市二里头遗址命名的一个考古学文化，其年代范围（据科学测定，为公元前 1900～前 1500 年）和文化面貌均介于河南龙山文化和以郑州商代都城遗址为代表的商文化之间，处于承前启后的地位。考古学家把它划分为前后连续的 4 个发展阶段（4 个文化期）。目前，已在二里头遗址发现了多处宫殿建筑和其他类型的大、中、小型房屋建筑以及青铜器铸造作坊，发掘了数以百计的二里头文化墓葬，出土了一批青铜器、玉器和大量石器、骨器、蚌器、漆器、陶器等。

有些学者认为，夏文化就是二里头文化，其主要论据是：二里头文化的中心分布区是豫西和晋西南，与史传夏人的中心活动区、夏人的主要都城分布区在豫西、晋西南相合；以郑州二里岗遗址为代表的商文化是商代早期文化，郑州商城是成汤的亳都。二里头文化与二里岗文化面貌迥异，显然是两种不同的文化，因此二里头文化只能是夏文化；二里头文化中有一种典型器物——封口陶盉，乃是古文献记载的夏人使用的酒礼器"鸡彝"，认为"二里头文化既然以盛行鸡彝为其最突出的特征，则文化性质为夏文化应该不会有什么疑问了"。

一些学者则主张，夏文化应包括了河南龙山文化的晚期和二里头文化的早期，理由有四：一是二里头遗址的地望与史书记载的商汤西亳的地望相合。最早提出这一看法的便是二里头遗址的发现者徐旭生先生。而且，他认为在二里头遗址采集到的陶片，与郑州二里岗的商代陶片非常相似，因而判定二里头遗址是商汤的都城西亳。二是二里头文化早期的文化遗物与龙山文化晚期的文化遗物非常接近，二里头文化晚期的文化遗物则与郑州二里岗商文化遗物一脉相承，因此，二里头文化的晚期应属商文化，而其早期则与河南龙山文化晚期同属于夏文化。三是根据碳14测定数据推算，河南龙山文化晚期和二里头文化早期均在夏代纪年之内。四是郑州商城从年代和方位上看，应是商代中期的仲丁隞都，而非商汤亳都。

上述两家学说，后者提出较早，以中国社会科学院考古研究所和河南省文物研究所的一些专家为代表；前者是70年代后期首先由北京大学考古学家邹衡提出来的。学术界在夏文化问题上的分歧与争论，一直延续到今天。

在此期间，夏文化探索曾因中国考古学上的两次重大发现而高潮迭起。1977年，以安金槐为首的河南考古学者在登封县王城岗发现一座龙山文化晚期的小城址，有的学者认为，它的地望与文献记载的夏禹居住过的阳城的地望正相吻合，而其年代又恰好相当于夏代初年，因而提出王城岗古城是"禹都阳城"之说。1983年，中国社会科学院考古研究所山西队的专家，根据他们在山西襄汾县陶寺遗址的考古发现，提出了引人注目的新观点：陶寺所在的地方，素有"夏墟"之称，而陶寺龙山文化晚期遗存的年代，处于夏代纪年之内。根据古人的记述，夏人与龙的关系很密切而陶寺遗址出土了绘有朱彩龙的陶盘，所以，陶寺龙山文化的晚期，应该是探讨夏文化的研究对象之一。

虽然，在一些具体问题上，学术界的意见还不够一致甚至尖锐对立，但在大的方向性问题上已经趋于一致，即大家都认为，夏文化只能够而且必将在中原龙山文化晚期和二里头文化中被确认出来。至于到底哪派学说更符合历史事实，则还有待于新的考古实践去检验。我们的看法是，豫西地区龙山文化晚期和二里头文化早期，应是夏文化，夏王朝的历史纪年，起自公元前 2300～前 2200 年间，讫于公元前 1800～前 1700 年间。在这本小册子中，我们便是按照这一观点来介绍和探讨有关问题的。

因为无论有多少分歧，但大家几乎一致认为，夏代已经进入文明社会，已经产生了国家，这应该说是一个最大的、最重要的共识。

 夏代的物质文化与
科学技术新发展

从目前所知道的材料来看，夏代的物质文化与科学技术，在从前的基础上又有新的发展和提高，农业、畜牧业和各种手工业的成就均不可低估。

农业是夏代的主要经济支柱，造酒业的发展可作为农业发展的侧面来看待。根据考古发现的古代酒器证明，在夏代之前，以海岱地区的酒器最为发达，数量多，质量精，种类全，反映了农业生产和造酒业的发达程度较高。但是到了夏代，中原地区的社会经济有了较大发展，造酒业也得到相应发展。在我国古代史籍中，有许多关于中国造酒业始于夏代的记载。如《战国策·魏策二》说，当初，帝女让仪狄酿造了美酒，送给夏禹，禹喝了后觉得甘香美妙，但他同时也敏锐地意识到，酒会误大事，以后必然会有人因酒而亡国，于是疏远了仪狄，从此不沾酒。《世本》说，仪狄发明了酒醪，到少康时酿造出了秫酒，至夏桀时，不惜民财，大肆造酒，荒于酒色，终于身死国亡，应验了其先祖大禹的预见。据《韩诗外传》和《列女传》等书记载，夏桀挖池蓄酒，酒池内可行船荡舟，酒糟堆积如山，站在上面可以远望10里之外。夏桀聚3000人于酒池，像牛喝水一样饮酒，有人烂醉后溺死酒池中。夏桀又网罗一批"侏儒倡优，为烂漫之乐，设奇伟之戏，纵靡靡之声，日夜与妹喜及宫女饮酒"，大臣关龙逢、伊尹百般劝说无效，直到商汤大兵临境，夏桀仍沉醉不醒。

在夏代，除了海岱地区依然盛行各种精美的酒器外，其他地方的酒器也大量增长，中原地区的酒器不仅数量多，而且制作精细，配合成套。可以认为，夏代造酒业的发达，既标志着农业生产的发展（这是造酒业发达的物质基础），也标志着礼制的更趋完善（这是造酒业发达的社会因素）。归结为一点，则标志着我国文明在夏代得到进一步提高。

据《左传》记载，夏王朝时曾有过"贡金九牧，铸鼎象物"之重大事件，即征集九州铜料，铸造铜鼎。春秋时期，王孙满曾对楚庄王说，周王室的九鼎，乃是夏王朝初期所铸造。这些传说虽已无法验证，但如今的考古发现却证实夏代的青铜冶铸业确已达到了新的高度。最典型的例子是：在河南登封县王城岗遗址，曾出土过一块夏代前期的铜容器残片，而铸造这种铜器的工艺已相当复杂；在山西襄汾县陶寺遗址，发现

94

一件夏代前期的铜铃（见图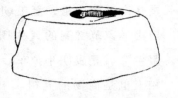
20）；在河南偃师二里头遗
址发现的铸铜作坊遗址，其
年代可早到夏代晚期，说明
至迟在夏代晚期已有相当规
模的青铜铸造作坊了。

图20　陶寺出土的铜铃

　　在夏代以前的良渚文化、大汶口文化和红山文
化里，玉器制造行业的工艺技术已达到很高的水平。
有线索可以证明，夏代玉器是山东龙山文化、良渚
文化与商文化玉器之间的过渡桥梁。如在山东临朐
县西朱封村龙山文化晚期大墓中出土的一套玉器
（包括玉钺、玉刀、玉冠徽等），几百片用于冠饰的
绿松石，既薄且小，形状各异，要较好地完成切割、
抛磨、拼对、镶嵌等工序，没有较高超的技术是难
以办到的。在山东日照两城镇曾发现一个“玉器
坑”，里面有长四五十厘米的枕头形玉块和已剖成片
状的玉料，还有成品玉钺、玉圭、玉凿等。这表明，
两城镇在龙山文化时期很可能有过制造玉器的专业
作坊。“玉器坑”内出土的成品玉器，显然具有龙山
文化晚期的特征，因此，两城镇玉器作坊的时代，
可能属于夏代早期。

　　考古发现已经证实，商代已有相当进步的马车
了，轮、轴、辕、衡、轭、辖、箱一应俱全，结构合
理，还使用了青铜部件。要达到这个水平，必定会有
个较长的发展过程。因此，古代文献说夏代有马车当
可信。《世本》、《吕氏春秋》说“王亥作服牛”。王

亥是商汤的先祖，夏王朝时人，"服牛"即驯服牛。历史学家范文澜的《中国通史简编》认为"王亥作服牛"就是发明牛拉车。《世本》说"相土作乘马"，相土也是商汤的先祖。宋衷《世本注》认为"以马驾车起于相土"。《左传》说，薛国的皇祖奚仲，在夏王朝时是"车正"，而《世本》、《吕氏春秋》和《说文》则说车是奚仲发明的。据《管子·形势解》说，奚仲的造车技术很高明，使用了"规矩"、"钩绳"等测绘器械，因而所造车子的各个部件结构密合、牢固。《史记·河渠书》引《夏书》说，当年禹治洪水，"陆行载车，水行载舟"。《后汉书·井丹传》说"桀乘人车"。如此看来，夏代自始至终有车应属可信，当然，其实物遗存还有待于考古发掘。车可以负重致远，在战争和经济贸易诸方面的作用十分重要，当属文明特色之一。

在古代，天文历法是为适应农业发展的需要而产生的，同时又是整个社会之经济与科学水平的体现者。《国语》中《夏令》有"九月除道，十月成梁"等有关农时的记载。《礼记》载，孔子在杞国（夏裔之国）获得《夏时》。据汉代的司马迁、郑玄等人说，《夏时》就是夏代的四时（四季）之书，即《夏小正》。《夏小正》现在还保留在《大戴礼记》之中，它把一年分成 12 个月，记载了每月的星象、动植物的变化以及应从事的农业生产活动。据日本学者的研究，《夏小正》中记载的某些天象确实属于夏代，证明"夏时"真有其实。

王国与方国

关于夏王朝时期的王国与方国（王国之外的四方小国），在考古学上已有些踪迹可寻。

在以嵩山为中心的夏王朝腹地，其夏代文化遗存是河南龙山文化的王湾类型和继之而起的二里头文化，这里的龙山文化晚期和二里头文化早期，便是夏文化之主体。1977 年在史传为"禹都阳城"所在地的河南登封县告成镇王城岗发现的一座龙山文化古城，由东西并列的两个城圈组成。东城的南墙和西墙分别有 30 米、65 米保存了下来，西城的北墙、西墙和南墙分别保存有 29 米、92 米、82 米。南墙东段有一缺口，估计是城门。城内有断断续续的夯土，其下埋有人骨架，年代属于龙山文化晚期。根据一些科学测定数据，有学者推断该城建于夏代初年，联系到古文献记载说夏禹曾在这一带居住过，而战国阳城与王城岗古城仅一河之隔，有的人据此便认为王城岗古城就是夏禹居住过的地方。另有学者认为，王城岗古城是夏王国的宗庙遗址。

几乎所有的考古学家都认为，河南偃师市二里头遗址是一座帝王都城，至少是其早期遗存，属于夏文化。二里头遗址有夏代的宫殿，而传说中的夏王国都城斟寻恰巧就在这一带。所以，不少学者认定斟寻城就在偃师二里头遗址。

分布在晋南地区的陶寺类型龙山文化，尽管其后期已进入夏代纪年内，但它的文化面貌与洛阳地区王湾类型龙山文化及二里头文化相去较远，显然不属于同一个人群集团，所以，陶寺龙山文化应是夏代汾水流域某个方国的文化。陶寺遗址总面积300多万平方米，规模非常大，已发掘出龙山文化墓葬1300多座。有学者指出，不论陶寺有无城垣，它的地位都不亚于现已发现的龙山文化古城，就是说，夏代早期这里曾存在着一个强盛的方国。

在东方海岱地区，夏代居民遗留下来的是山东龙山文化的晚期和岳石文化的早期部分。据目前所掌握的考古资料，夏代的海岱地区业已进入文明社会，而且其文明程度较高。表象在于：已发现多座夯土城垣；发现一批极为精美的玉礼器和陶礼器；发现了成行的文字；发现了规格很高的大型墓葬；发现了一些青铜器；发现了若干可以证明阶级分化与对抗已相当激烈的考古学证据。

山东章丘龙山镇的城子崖古城，是一座龙山文化和岳石文化古城，尽管它的始建年代在夏代之前，但它在夏代仍然屹立在东方。据主持城子崖古城发掘的考古学者张学海研究，城子崖是龙山时代东方某方国的中心，即都城，在它的周围方圆20公里范围内，分布着40多处龙山文化遗址，与城子崖古城构成了都、邑、聚三级城乡结构。

山东邹平县苑城乡的丁公古城与城子崖古城的情况相同，建造于夏代之前，延续使用到夏代早期，也是某方国的中心。

在山东寿光边线王村发现的一座龙山文化古城，包括大小二城，大城边长 240 米，四面各有一城门；小城位于大城内中南部，边长 100 米。据报道，大城和小城均建于夏代。

在山东淄博市田旺村发现的一座龙山文化古城，长约 400 米，面积 20 多万平方米，年代约为公元前 2200 年。另外还有岳石文化城垣，可见这里在夏代也是一方国之中心。

江浙地区良渚文化的下限年代，估计已跨入夏代。从良渚文化已积累的大量文明因素之考古发现来看，江浙地区在夏代进入文明社会应是没有多大问题的。

分布在河北北部、内蒙古东南部和辽宁西部的夏家店下层文化，其早期约属夏代晚期。考古发现说明，这里早在夏代之前就有红山文化的庙、坛、冢，有龙山时代的石城。

江汉地区的石家河文化晚期，应属夏代早期文化，已为考古发现所证实的是，这里早在夏代之前就已有夯土城。

在陕西、河北南部、山西北部以及安徽等地，也都发现相当于夏代的古文化遗存，其面貌各有特点，因受资料局限，还不好评说其文化发展水平。

从考古学资料来看，各地的文化有所区别，有的差异还相当显著，推测应属于不同的国家或人群集团。我国古代史籍也明确记载，夏王朝时除了中原的夏王国外，在周边地方还分布着若干的大小国家。《左传》记载说，"禹合诸侯于涂山，执玉帛者万国"；《战国策》说，"大禹之时，诸侯万国"；《吕氏春秋》说，"当禹之时，天下万国"；《淮南子》则说，夏禹"治平水土，定千八百国"。所谓万国、千八百国都非确数，但天下方国林立则是事实。既称国，应该是国家，看来当时在我国相当广大的区域内都已进入了文明社会。

在古代文献上可以看到的夏代邦国主要有商、昆吾、薛、有易、有施、有仍、有虞、葛、南巢、渠搜、肃慎、北发、氐、羌等。《孟子》说，"夏后殷、周之盛，地未有过千里者"，是说夏、商、周三代由天子直接控有的地盘，方圆不超过1000里，那些诸侯国当然就更小了。《战国策》说："古者四海之内分为万国，城虽大，无过三百丈者；人虽众，无过三千家者。"即方国城垣的长度，一般在300丈（约合六七百米）之内；城内居民，不超过3000家。这些记载与考古发现基本吻合。

当然，在众多的夏代方国中，有相当一部分是夏王国的附庸和友邦，它们在政治、军事上与夏王国结成了同盟，在不同程度上听命于夏王，其国君甚至还担任夏王的辅臣。另有一部分方国则独立于夏王国，甚至与夏王国为敌。实际上，除了夏王国之外，还有一些区域性霸主分别统领着四方众国。

 琼宫瑶台

古代文献记载说夏代有宫殿。《世本》说"禹作宫

室"。《论语·泰伯》说：夏禹"菲饮食而致孝乎鬼
神，恶衣服而致美乎黻冕，卑宫室而尽力乎沟洫。"
《穆天子传》说，夏启有建筑在高台上的宫室。据《汲
冢古文》记载，"夏桀作倾宫、瑶台，殚百姓之财"。
《帝王世纪》记述得更详细，说夏桀"淫虐有才，力能
伸钩索铁，手搏熊虎。多求美女，以充后宫。为琼室
瑶台，金柱三千。始以为瓦屋，以望云雨"。倾宫瑶台
与琼室瑶台均指壮美的高台建筑——宫殿。所谓金柱
是指铜柱（古代称铜为金），在郑州发现的商代中期的
大型建筑之梁柱上使用的青铜构件，以及在安阳发现
的商代晚期的青铜柱础，都证明商代确实把青铜用于
宫殿建筑，因而说夏桀"金柱三千"（即用青铜来装
饰、加固宫殿的梁柱）则很有可能。总之，夏桀的时
候有非常豪华的宫殿。

在考古发掘中，已经发现了夏代的大型夯土建筑。
在河南登封县王城岗遗址之西城的中西部和东北部发
现的十余处大小不等的夯土建筑，平面形状呈长方形
或圆形，其中面积可测估的两处分别为 70 平方米、
150 平方米。夯土建筑基址、营造这些夯土建筑时留下
来的奠基坑，已经发现了 13 座，坑内埋有成年人和儿
童的尸骨，有的尸骨尚完整，有的尸体已被肢解。这
些夯土基址建筑物，应为当地最高统治者的宫室或庙
堂。

在河南偃师市二里头遗址，70 年代在商代早期宫
殿的下面，发现了夏代晚期（属二里头文化第二期）
的夯土基址，在发掘范围内已暴露出的部分长 28 米、

宽 20 米，夯层平整，夯筑质量很高，夯土总厚度为
30 ～ 60 厘米。80 年代，在一次考古发掘中又发现一处
夏代晚期的夯土基址，清理出长 30 米、宽 11 米的部
分，夯土质地较硬，局部掺有碎料礓石，夯土厚度保
存有 60 厘米。在夯土上发现成排的柱子洞，柱子的直
径为 15 ～ 20 厘米。

在河南偃师市二里头遗址，还发掘出两座商代早
期的宫殿（有人认为是夏代宫殿）。其中：1 号宫殿占
地百米见方，主殿坐北朝南，长 30.4 米，宽 11.4 米，
周围廊庑连片；2 号宫殿规模稍小，布局与 1 号宫殿基
本相同。经专家复原，它们均规模宏大，巍峨壮观。
因此，我们完全有理由推测夏代的宫殿相当高大而考
究。

总之，从古代文献和考古发现两个方面，都可以
证明夏代君王已经建造起了雄伟壮丽的宫殿，他们身
居高台广厦之中，借助着高大宽敞、气势非凡的大宫
殿，来烘托和抬高自己的地位。

 6 权贵与奴隶

夏代社会经济的发展，加剧了社会的两极分化，
而频繁的战争，则使奴隶制度大大加强。《吕氏春秋》
说，夏禹的时候，天下有上万个国家，但到商汤的时
候，便只剩下 3000 个国家了。这里面的原因是什么
呢？《墨子》说是"并国之故"，即国家之间的兼并，
大国吃掉小国，强国吞并弱国。战争的结果，除了国

家的兼并之外，则是大量的俘虏转化为奴隶。据《国语》的记载，中国古代国家之间的战争，胜利者对战败者往往是捣毁其宗庙，焚烧其礼器，俘掠其人口为奴隶，夏代也不例外。当时的奴隶们不仅要为奴隶主提供劳动力，而且还要随时准备献出生命，去做祭祀仪式中的牺牲品。

在河南登封县王城岗遗址，曾发现 13 个埋有人的尸骨的土坑，这些土坑均呈圆形或椭圆形，直径在 1~3.7 米之间，坑内尸骨从 1 具到 7 具不等，死者中有的是完整的尸体，有的则被肢解，或是一颗头颅，或是部分肢体，其姿势各异，一律没有随葬品，甚至连小件装饰品也没有，与正常的墓葬显然有别。经过完全发掘的只有 1 号坑（见图 21），这

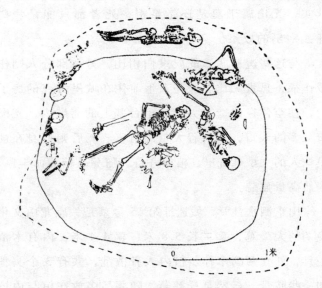

图 21　登封王城岗遗址奠基坑平面图

个坑内分 4 层埋有 7 具尸体：第 1 层埋 1 个儿童，头东足西；第 2 层埋 1 个男青年，仰身，头冲东北，右手作护头状；第 3 层埋男、女青年各 1 名，女青年头朝东南仰身直肢，男青年头冲东北俯身而卧；第 4 层埋 1 名女青年和 2 名儿童。13 座坑中都填满夯打过的土，尸体多被压在夯土建筑基址的底部或夹在其夯土层的中间。很显然，这些尸体并不是被随便地抛弃在土坑中的，而是有意识地埋在这里的。发掘者根据这些土坑的层位关系，判定它们"很可能与当时对重要建筑用人作为奠基有关"，是埋葬祭奠仪式上被用做牺牲品的人的"奠基坑"。另有学者认为，王城岗西城是夏王国宗庙所在地，上述土坑中的人骨，是夏人祭祖时杀死、掩埋人牲的祭祀坑。其实，无论属于奠基还是祭祖，死者都只能是一些任人宰割的奴隶。

与这些遭遇悲惨的奴隶们相比，另一部分人则作威作福，显贵无比。这些人生前住在城里考究的房子中，甚至住在建造在大型夯土台基上的宫殿内，支配着众多的人口，霸占着大量的财富。死后则葬身在规模惊人的大型墓坑里，棺椁齐备，随葬品精美而丰厚，仍然高贵显赫。

山东泗水县尹家城遗址第 15 号墓是一座龙山文化晚期的大型墓，墓圹长 5.8 米、宽 4.4 米，内有木棺一具，外套两副木椁。棺内人骨散乱，共有 3 个头骨和一些肢骨，显然是迁葬墓。随葬品多放在棺与内椁之间，共有鼎、罐、杯、盆、壶、盒、盖等陶器 23

件，20 个猪头（下颌），50 件圆锥状无名小陶器及130 多块扬子鳄骨板（见图 22）。

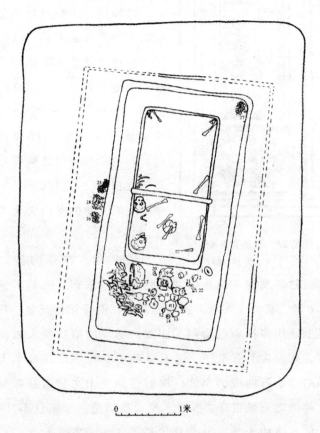

0　　　　　1 米

图 22　泗水尹家城遗址龙山文化大墓（M15）

　　1987 年，在山东临朐县西朱封村发现的一座龙山文化晚期大墓，长方形墓圹，长 4.4 米，宽 2.5 米，内有木质葬具一棺二椁相套，内椁与棺之间有木"边箱"，内、外椁之间有"脚箱"。棺内葬一中年女子，佩带有绿松石耳坠和玉管饰等装饰物，随葬器物主要

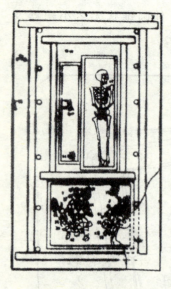

堆放在脚箱内，计有鼎、豆、盆、罐、杯等陶器和骨匕、蚌器等。边箱内原来存放的大概主要是衣物，已朽尽，仅存两件蛋壳陶杯。放在其他地方的随葬品还有猪下颌、兽肉等（见图23）。该墓使用了一棺二椁和边箱、脚箱，与周代的棺椁葬具制度相仿，是目前所见棺椁制度最完善的龙山文化大墓。

图 23　临朐西朱封大墓 M1

1989 年，在临朐县西朱封村又发现 2 座龙山文化晚期大型墓葬。一墓圹长 6.7 米、宽约 4.5 米，墓内棺、椁、箱等葬具齐全，葬具上还用多种颜色绘制了图案。随葬的器物量大而精致，死者头上有玉簪、玉冠徽和由 980 多片几毫米大小的绿松石做成的串饰。根据已知龙山文化玉器雕刻的神像之冠冕服饰来推测，死者显然是一个威仪不凡、大权在握的人物。另一墓圹长 6.4 米、宽 4.6 米，一棺二椁，棺、椁间有用红、黑彩绘制花纹的木匣，内盛一些精致的陶器。墓中出土的随葬品还有大量玉器、绿松石、石箭头、骨箭头。由此可以看到，在夏代的早期，高踞于社会上层的权贵们，与生活在社会底层的奴隶们，地位与命运的反差是多么强烈！这种情况到了夏代晚期更加强化，与商代的社会景象并无二致。

文字异彩

商代的甲骨文、金文已是相当成熟的汉字，因而学者断定夏代应有文字。据说，夏代有文字记录的典章制度等，例如《左传》、《国语》等书所记的《夏书》、《夏箴》，相传都是夏王朝的文献。

事实上，考古发现的夏代文字，已基本上为学术界所普遍承认。

在河南登封县王城岗遗址出土的一件龙山文化晚期的陶片，上面刻有一个字，像双手捧持一物的形状，与商周甲骨文、金文中的"共"字非常相似。发掘者认为它是个会意字"共"字，从而论定我国在夏代初年已经有了真正的文字。

在山东邹平县丁公遗址发现的一块龙山文化晚期的刻字陶片，上面刻有 11 个字（见图 24），经一些考古学家和古文字学家审验，认

图 24　邹平丁公刻字陶片

定是古彝文，内容为"招祖护佑，驱邪求吉"。发掘者推断，丁公陶文当距今 4100～4200 年。

不久前，考古工作者在江苏高邮市龙虬庄附近的河边上采集到一块刻字陶片，上面刻有二竖行文字，右行字体大，似鱼兽象形字，左行字体小，与甲骨文很相似（见图 25），目前还无人将其完全识读出来。因这里是一处龙山文化遗址，出土文物与山东、河南

地区的龙山文化遗物相类似，故可认为，这一块刻字陶片属于黄河流域龙山文化系统，年代与丁公陶文相仿，大体相当于夏代初年。

目前发现的龙山文化陶文，闪烁着耀眼的光彩，透过它们，人们对于夏代有文

图 25 高邮龙虬庄
刻字陶片

章典册之类的传说，不能不认真地看待了。

 8 从礼器看礼制

礼乐制度是维护统治阶级利益、保障国家政权的工具。我国的礼乐制度在夏代之前已初步形成，到了夏代又得到完善和强化。

夏代的礼器，主要有玉器和陶器。此外还有铜器、漆木器和骨牙器等。

夏代早期（即龙山文化晚期）的陶质礼器，是以酒器为核心的一整套东西，它们在不同地区所表现的风格也不尽相同。在陶寺类型龙山文化中，以彩绘陶器最有代表性；在山东龙山文化中，以黑色和白色陶器最有代表性；在河南、陕西、湖北等地的龙山文化中，最有代表性的陶礼器是制作精巧的鬶、杯、爵等。

夏代晚期（二里头文化早期）的陶礼器，与中原地区龙山文化陶礼器的传承关系很清楚，主要有杯、鬶、爵、豆、盆、盘等。在偃师二里头遗址发现的陶

礼器上，还雕刻着龙纹、鱼纹，与商代青铜礼器上的花纹非常相似。

夏代早期已经有铜礼器，最著名的是河南登封王城岗遗址出土的铜容器残片和山西襄汾陶寺遗址出土的铜铃。考古资料表明，偃师二里头遗址在夏代晚期曾制造和使用过青铜礼器。

夏代的玉礼器，在考古发掘品中以山东临朐西朱封村出土的玉钺、玉刀、玉冠徽，山西襄汾陶寺遗址出土的玉琮、玉璧和湖北天门石家河遗址出土的玉雕神像等最著名。非考古发掘品有山东日照市两城镇出土的玉圭、五莲县丹土村出土的玉钺、滕县里庄出土的玉牙璧、临沂市大范庄和海阳县司马台出土的玉璋，陕西神木县石峁遗址出土的玉璋、刀等等。在国内外收藏的传世玉器中也有不少应属于夏代礼器，其中以雕刻神灵徽像的圭、钺、刀、瑗和牌形神像最重要，比较有名的有北京故宫博物院、台北故宫博物院、美国弗利尔美术馆等收藏的玉圭；美国福格博物馆所藏的玉钺；美国萨克勒博物馆、弗利尔美术馆收藏的玉刀；法国巴黎西努齐博物馆、瑞典皇家安大略博物馆收藏的玉瑗；中国四川傅忠谟，英国大英博物馆，美国旧金山博物馆、福格博物馆、斯密塞纳美术馆、芝加哥美术馆所藏的玉雕神像。

上述非考古发掘品的玉礼器，均精雕细琢，上面的花纹图案神秘而威严，透着一股人力不可抗拒的力量，它们都是当初最有权势的人物手中的"法宝"，是他们尊贵的身份与地位的象征和标志。值得注意的是，当时玉礼器的使用有着严格的规定。山东泗水县尹家城遗址具备一棺二椁的第 15 号大墓，随葬品中却没有一件玉礼器；临朐县西朱封村的龙山文化大墓，是现知规格最高的龙山文化大墓，但墓中所见玉钺、玉刀均光素无花纹，未雕刻任何神灵徽像。这些似都表明其主人的地位还不是当时的至高无上者。

综合夏代礼器的有关资料，可以很明白地看出，当时的礼器在采用原料、品种类型等方面均较广博，而不同身份的人所享有礼器的种类、数量、规格等，则有着严格的等级制度（这就是礼乐制度）。这种把全社会分割成若干个利益等级的制度，存在于当时社会的各个角落。

 夏人的迁徙与中原文明的扩散

从古到今，华夏大地上的各个地区发展是不平衡的。在夏代，位于天下之中央的夏王国，其综合文明无疑是海内最发达的，而在它的四周，虽有不少方国的社会发展水平也比较高，但也有许多地方的文明程度仍远远低于夏王国。因此，当夏王朝被推翻，大批的夏人纷纷逃离中原向周边地区迁徙时，先进的中原文明便在很短时间内以极快的速度传播到了很远的地方，并在各地扎下根来，开花结果，为商代青铜文明之广泛繁荣，奠定了重要的基础。

据一些古书的记载，当年夏桀亡国，便带领一些人向南逃窜，跑到了一个叫做南巢（今安徽巢湖周围一带）的地方（或说夏桀与妹喜等妻妾同乘一船到了海上）。同时，夏桀的儿子率一部分人遁往北方。其实，当时夏人因受商人的驱迫，出逃仓皇，组织性差，因而几乎是四散而逃。于是在若干原本并不是夏文化分布区的地方，在夏、商之际的时候忽然涌现出一些带有浓厚夏文化色彩的铜器、陶器和石器来。夏文化的迅速和大量扩散，当意味着文化拥有者的转移，亦即夏人的迁徙。

据《世本》、《帝王世纪》等书说，夏禹曾都居于平阳或安邑、晋阳，这3个地方在今山西太原至夏县之间。有证据表明，所谓的山西夏墟，实即大夏之墟，而大夏则是夏人败退山西后的国号。禹、桀之都邑均在中原腹地而不在山西。今在山西南部发现的东下冯类型文化，就是来自中原腹地的夏遗民在这里创造遗留下来的。东下冯类型文化出现的时间，约为夏代末年，其文化面貌与晚期夏文化多有相似之处，然而其文化水平却远低于中原夏文化。

《括地谱》说，当年夏桀逃往南巢，其子獯粥便搜罗夏桀未能带走的一部分婢妾据为己有，逃往北方草原，后来被称为匈奴。《史记》也说，匈奴的祖先是夏人的后裔。据研究，商周时代的匈奴主要活动于今内蒙古和晋、冀3省区的长城内外地区，在这个区域的东部，相当于夏商时期的考古学文化叫做夏家店下层文化。1977年，在内蒙古敖汉旗大甸子遗址的夏家店下层文化墓葬中，发现了一些具有鲜明夏文化特征的陶爵等，表明夏遗民确实曾经迁到了北方草原一带。

《蜀王本纪》、《蜀本纪》和《三国志》等书，皆说夏禹生于汉代广柔县石纽乡。《括地志》、《史记正义》说石纽在唐代汶川县，《唐书》则说在唐代石泉县，所说地望大致在今四川汶川县与北川县之间。在距离史传为夏禹诞生地石纽不远的广汉县、成都市，已发现某些出土文物与偃师二里头遗址出土的夏商之际的同类文物十分相似。

《晋书地道记》说，大夏县是夏禹出生的地方，所说大夏县即今甘肃临夏市东南一带。《新语》、《盐铁论》等说夏禹出自西羌，《史记》则说夏禹兴自西羌，汉代的西羌大致分布在兰州至青海湖之间。在这里，已出土过与偃师二里头遗址出土的夏代晚期文物酷似的陶器。

据《国语》、《墨子》等书记载，夏禹曾在江南大会诸侯，死后葬于山阴县会稽山（在今浙江绍兴）。《皇览》和《汉书》也说山阴县会稽山上有禹冢。《史记》说越王勾践的祖先是夏禹的后裔。夏、商之际，在从绍兴到上海一带地方分布着一支叫做"马桥文化"的考古学文化，它的不少陶器都带有明显的二里头文化特征，显然是受了夏文化的影响。

《水经注》记载说，夏禹治洪水，曾到过庐山。《庐山记略》和《豫章旧志》说，殷周之际，有个叫匡俗的人是夏禹后裔，隐居在庐山。今在庐山以南不很远的地方，如江西清江县吴城、高安县相城、新干县大洋洲，都见过一些具有二里头文化特征的陶器，表明这里也和夏人的南迁有关。

《山海经》、《路史》说，成汤伐桀，斩夏耕，夏耕之尸神奇地跑到了巫山。在此之前，夏启的臣子孟涂居住在丹山（今巫山）附近。这些传说暗示：夏人曾到过长江三峡地区。目前，考古工作者已在湖北宜昌市白庙、宜都红花套、毛溪套、向家沱、秭归县朝天嘴等遗址发现了一些与偃师二里头遗址出土文物相类似的陶器。

以上考古发现表明，约在夏商之际的时候，曾发生过夏人向周边地区的大规模迁徙活动，而那些中原以外地区有关夏人的历史传说，确是这一迁徙活动之真实纪录，或是这一历史事实的影子和痕迹。

当夏人从中原地区迁徙到周边地方时，便把许多先进的文明因素带到这些地方，使这些地方成长起了比较发达的青铜文明，在商代显示出了极高的文明水平。例如，四川成都平原上的广汉县三星堆遗址，是一个很大的区域性政治文化中心，据报道已发现有古城。在这里的两个商代"祭祀坑"中，出土了大量珍贵的青铜器、玉器和象牙，其中比真人还要高大的青铜神人雕像在现知的商周青铜器中属绝无仅有，表现出了极高的青铜文明水平。在赣北地区，吴城文化是较发达的青铜文化，最近在新干县大洋洲发现的商代大墓中，出人意料地出土了一批商代青铜器和玉器，表明这里在商代存在过一个以前鲜为人知的方国。在晋西南至晋中地区，已连续发现商代晚期墓葬，并出土了大批青铜器。而这一区域正是学者考证为商王屡屡征伐的鬼方、土方等西北诸方国之所在地。

上述商代青铜文化遗存虽然都是在当地土著文化的土壤上成长起来的，并受到商文化的强烈影响，但是夏遗民从中所起的播种、催化作用也是显而易见的，没有以夏遗民大规模迁徙为契机的夏代文明的四外传播，就很难有如此广泛而兴盛的商代青铜文明，而迁离中原的夏遗民与中原商王国的斗争与联系，则是商代青铜文明在十分广大的区域内蓬勃发展的另一重要原因。

中国早期文明的形成和发展，可用自行车的车轮来做个比喻描述：车轴像是中原天子之国，车圈好比周边诸侯方国，它们之间的联系、交流、促进，就像是车辐。我国早期文明的形成和发展，既有辐辏中原的一面，也有辐射八方的一面。

六　辉煌的商代文明

 ## 商王朝的国家机器

从《尚书》、《史记》等史书以及甲骨文的记载来看，商代已有相当完备的国家机器。

商王朝的最高统治者是"王"。商王往往自称为"朕"或"余一人"。"朕"和"余一人"只限于商王使用，充分体现了孔子所谓"天无二日，民无二王"之专制制度，商王是至高无上、唯我独尊的专权国君。商王朝属于"家天下"，王位世袭，实行兄弟父子传承法。

商王通过庞大的官僚机构来实行统治。商代的官僚分为"内服百官"、"外服诸侯"两大类。"内服百官"即在中央政府掌权的"百僚庶尹"、"百执事之人"，他们又可细分为助王处理国事的外朝官和为王室宫廷服务的内廷官。外朝官又有文官、武官之分。文官主要有尹、相、三公、贞、卜、巫、册、史；武官主要有师长、亚、服、射、犬等，分掌政务、祭祀、占卜、书记、军事、田猎等。内廷官主要有臣、宰。

"外服诸侯"即地方官吏,已有侯、伯、子、男等爵称,统辖一方之军政事务。

军队是国家机器的重要组成部分。从甲骨卜辞知道,商代的军队组织有师、旅、戍之分。武丁时至少有左、中、右三师军队,有人考证说一师为万人。旅也有左、中、右旅之分。商王派兵征伐敌方,动辄用兵三千、五千,有时甚至逾万。当时的兵种则有步兵和车兵。据说,当初夏、商决战时,商汤出动了 300辆战车,到商代晚期,商王的车兵当远远超过此数。商代有战车和骑兵,已在安阳殷墟的考古发掘中得到证实。

如果说商王朝的军队主要是用于对付周边敌国,那么其刑罚、监狱则主要是用于内部镇压。商代的刑罚大体是以"汤刑"(汤指成汤,甲骨文写作成唐)为基础的,《左传》说"商有乱政而作《汤刑》"。《尚书·盘庚》记载,因盘庚准备迁都,朝廷上下怨声载道,一片混乱,于是盘庚决定依据法律来"正法度",维持正常秩序,扬言:不论亲疏远近,有罪者必罚,有功者必奖;如果国家治理不好,便是刑律使用不当;大家要各尽其责,谁敢制造动乱,严惩不贷!他还威胁说要将不听命令者"劓殄之,无遗育",即斩尽杀绝。

商代的刑法种类很多,计有墨刑(在脸上刻字填墨,使之成为犯人记号)、刖刑(用刀锯截下肢)、劓刑(割鼻子)、宫刑(摧残生殖器官)、死刑等。死刑中又分活埋、大辟(用斧钺劈头)、伐(用戈割颈)、

剖腹（纣王曾经剖其大臣比干之腹而"视其心"）、凌
迟等。暴君纣王还发明了其他酷刑，如"炮烙之法"
（即在炭火之上架设铜格，令人在铜格上赤足走动，双
脚烫烂坠火烧死）、醢刑（把人剁成肉酱）、脯刑（把
人做成肉脯）、烹刑（把人放锅里煮）等等，令人听来
不寒而栗。甲骨文有"贞其刖百人死"、"其有刖百人
其有死"、"贞刖仆八十人不死"的记载，一次对 100、
80 人施以刖刑，相当残酷可怕。

　　商代有不少监狱。甲骨
文中有圉字，表示服刑之
室，即监狱。甲骨文中又有
囚字，像双手带枷的犯人跪
在斗室之中，亦即坐牢。商
代的监狱一般是地牢，即深
土窖，古人称为"圜土"。
在安阳殷墟曾发现过这种牢
狱，口部长 1.6 米、宽 1.1

图 26　殷墟出土的
带枷陶俑

米、深 2.7 米，坑底有死去的犯人遗骨。在安阳还出
土过商代犯人陶俑，男囚双手枷在背后，女囚双手枷
在身前（见图 26）。

 ## 商王朝的都城与宫殿

　　商代王都是以宫殿建筑为核心的大型城市，是当
时政治、经济、文化的中心。

　　商代的都城目前已经发现 4 座，即偃师二里头遗

117

址、偃师尸乡沟商城、郑州商城和安阳殷墟。

偃师二里头遗址 位于河南偃师市二里头村一带，其晚期（二里头文化三、四期）遗存是商汤灭夏之后，在夏墟上建立的商代第一座都城，（后世俗称"西亳"）。该城长、宽皆约3公里，考古学者在这里发现了商代早期的宫殿、青铜冶铸作坊、骨器加工场、各式各样的居民房和等级不同的墓葬等，并获得一些非常珍贵的商代文物，包括青铜器、玉器、漆器、骨器、象牙器、蚌器、石器和陶器等。

已经公布的偃师二里头早商宫殿基址有2座。1号宫殿建筑在一个东西长约108米、南北宽约100米、高出地面约0.8米以上的大型夯土台基上。其布局是：主体殿堂坐落在台基的北部正中，坐北朝南，殿堂东西长30.4米、南北宽11.4米。古建筑学家据其墙槽、柱子洞复原了这座宫殿，它面阔8间、进深4间，木骨土墙，草泥墙皮，四面坡式屋顶，这就是古代所谓的"四阿重屋"。在宫殿台基的四周，是连通的廊庑。主殿前面是平坦宽阔的广庭。宫门在正南，为穿堂式大门楼，门楼面阔8间，中间4间为门道（见图27、28）。2号宫殿的建制与1号宫殿相仿，整组建筑坐落在一个长73米、宽58米的大型夯土台基上，主殿居北部正中，殿基东西长33米、南北宽13米，殿堂坐北朝南，面阔3间。主殿的四周是一圈廊庑，南庑中部的宫门，亦系庑式建筑，面阔3间，中间是门道，两侧是"塾"，也就是门房。在大殿背后，有一座大墓，墓穴长约5.4米、宽约4.3米，从规模和地点推测，该墓应是某商王的陵墓，而 2 号宫殿很可能便是商王朝的宗庙。

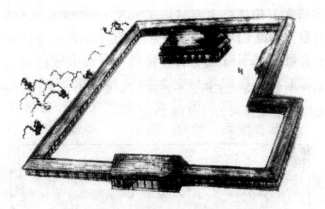

图 27　偃师二里头遗址 1 号宫殿复原图

侧工面图

图 28　偃师二里头遗址 1 号宫殿主殿复原图

上述两座早商宫殿规模宏大，气势磅礴，布局严谨，主次分明。建造这样的宫殿，不仅要有科学的规划设计，而且还需要耗费大量的人力财力。没有国家政权，就不可能有这种大型建筑，也不需要这种大型建筑。需要指出的是，在 1 号宫殿基址上还发现一些埋有人骨或兽骨的土坑，据专家分析是举行祭典而杀埋的牺牲品。这更说明宫殿是高踞于社会巅峰的商王进行祭祀和发号施令实行统治的场所。

偃师尸乡沟商城　位于二里头遗址东北约 5 公里处，它的夯土城垣大体呈长方形，南北长 1710 多米，东西宽 1240 米。有宫城，宫城内分布若干宫殿建筑，已经发掘出来的 4 号、5 号宫殿位于宫城的东部，南北对应排列。4 号宫殿东西长约 51 米、南北宽约 32 米，系由坐北朝南的主殿、东西南三面廊庑及南大门组成，地下设石砌排水沟（见图 29）。

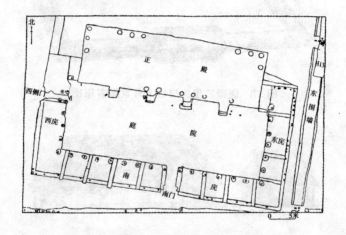

图 29　偃师商城第 4 号宫殿基址平面图

5 号宫殿也是由主殿、廊庑组成，规模大于 4 号宫殿，庭院内还有水井。宫城附近还有另外一些宫殿建筑和 2 座小城，内有排房式建筑，有学者推测是宫城的卫城。城内有纵横道路若干条。

尸乡沟商城内已发掘不少商代墓葬，出土一些青铜器和大批陶器。关于尸乡沟商城的年代与性质，曾有多种说法，据现有的考古材料，我们认为它可能是商王太戊时所建的亳邑新城，与二里头遗址同属亳邑，后来盘庚曾迁都于此。

郑州商城 商王仲丁营建的王都（见图30），位于今郑州市区，平面近长方形，城垣周长约 7 公里，宫殿区位于城内东北隅，在南北 900 米、东西 1000 米的范围内，分布着成群的宫殿建筑。其中编号 C8G15 的一座宫殿保存较好，它东西长超过 65 米，南北宽近 16 米，有回廊（见图31）。

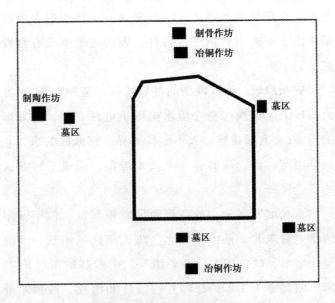

图30　郑州商城遗址平面图

图31　郑州商城 C8G15 号宫殿复原图

　　在城南、城北均发现有青铜冶铸作坊和骨器制造作坊，城西有陶器烧造作坊。城内城外分布有若干商代中期的墓葬，从中出土了大批青铜器、玉器和陶器等。城内还发现三个商代铜器窖坑，出土了大型铜鼎，是现知年代最早的商代重型青铜礼器。

　　最近，在郑州商城的西、南外围又发现一道商代中期的夯土城墙，据认为可能是郑州商城的外廓城。另外，在郑州西北郊小双桥新发现的商代中期大型遗址中出土了大型青铜建筑构件，表明这里也应有宫殿建筑。

　　安阳殷墟　商代晚期的都城遗墟，范围在 24 平方公里以上。宫殿区在今洹水南岸小屯村一带，已发掘的近 60 座宫殿建筑，大小形状各异。宫殿区的东、北面是洹河，西、南面有一条人工壕沟，形成了宫殿区的安全屏障。

　　不久前发掘的一处商代晚期宫殿基址，位于安阳市小屯村东北，系由南、北、西 3 座殿址组成，平面呈凹字形，缺口朝东，面临洹河。南殿基址东西长 75 米、南北宽 7.3 米，有整齐的墙柱和檐柱。西殿基址南北长约 50 米、东西宽 7.5 米，有一朝东的殿门。北殿基址东西长约 61 米、宽 14.5 米，已发现朝南的殿门 4 座，门道宽 2 米。在大殿中部一殿门的旁侧，埋有 2 个大陶罐，其中 1 个罐内放有一件青铜器，有铭文"武父乙"3 字，发掘者考证"父乙"指武丁之父小乙。在另一殿门的旁侧有 2 个祭祀坑，坑长 1.8 米，各埋砍头人尸骨 3 具（头颅也放在坑内），应是该殿建造之初举行祭奠活动时所留下来的。

30年代发掘的殷墟乙七、乙八号两处宫殿，呈丁字形相交，在其近旁发现了一大片祭祀坑，坑内总计埋有576人、15匹马、6条狗、12头羊。坑内人的姿势或跪或卧，有的还被砍头，有的随葬青铜礼器或兵器，有的则与车马相伴。这些都是祭祀活动的遗存，有学者据此推断乙七、乙八号宫殿当是商代晚期的宗庙。

殷墟的宫殿在建造过程中要举行宗教仪式，凡奠基、置础、安门，都要用人或牛、羊、狗作祭奠品，因此在宫殿基址上经常可见埋有人或兽的土坑，而在门旁埋的则多是手执兵器的武装侍卫。殷墟宫殿的巍峨壮观，可从甲骨文的"高、享、墉"等大型建筑的象形字上窥见一斑。而在殷墟发现的青铜柱础和精心雕刻的大理石建筑饰件，都表明殷墟宫殿相当讲究，雕梁画栋，富丽堂皇。

安阳殷墟宫殿区内和宫殿区外围均分布有铜器作坊和骨器作坊。

商王陵墓主要集中在洹水北岸的侯家庄西北岗，与宫殿区隔河相望，共有9座，规模惊人，随葬品非常丰富而精美。

在殷墟范围内，分布着密集的商代居民点和墓葬，包括中下层自由民及奴隶的居室和墓葬。在已经发掘的数以千计的商代中小型墓葬中，出土了一大批商代文物。

综上可见，商代的王都规模很大，人口密集而众多，包括宗庙在内的宫殿建筑是都城的核心，有大型的专业手工业作坊，居住着大批的王公贵族、普通平民和奴隶，驻扎着大量军队，是当时的政治、经济、文化和军事中心，是我国奴隶制文明时代繁盛阶段的突出标志。

 商代的阶级关系与等列制度

商代的王陵　商王陵墓中，以偃师二里头遗址2号宫殿发现的一座年代最早，可惜盗扰严重。所获材料较翔实者是在安阳殷墟发现的商代晚期王陵。

安阳殷墟的商代陵墓分布在洹水北岸的侯家庄、武官村以北的高地（俗称西北岗）上，考古学者在这里总共发现有13座大型商代墓葬，其中8座各有4条墓道，另有一座尚未完工的大墓夹杂其间，学者认为这9座大墓应是武丁以来的商王陵墓，尚未完工的那座是纣王的，因周武王伐纣，纣王自燔而死，没有葬入陵内。也有学者把另外3座2条墓道的大墓也计入了商王陵墓之数。

有关安阳商王陵墓的考古资料十分丰富，很难用较小的篇幅概括无遗，这里以最先发现的第1001号陵墓为例做一介绍。

安阳西北岗1001号王陵，墓室南北长18.9米、东西宽13.7米、深10.5米。墓室的四边各有一条长长的墓道，以南墓道最长最宽（分别是30.7米、7.9米）。墓室加墓道纵向长度为68米，总面积712平方米（见图32）。墓室底部有9个方坑，坑内各埋殉葬人一个，中央坑内的殉葬人持大型石戈，其余8坑内的殉葬人皆持铜戈，他们显然是墓主人的侍卫。木椁在墓室中央，椁高3米。

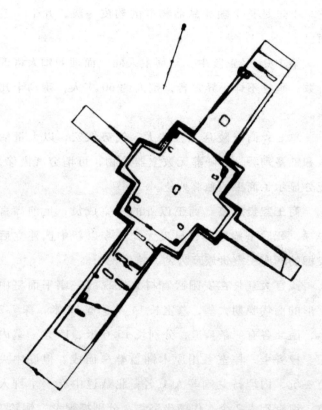

图32 安阳殷墟1001号王陵平面图

该墓曾遭反复盗掘，仅近代盗坑即达23个，最后一次被盗是在20世纪30年代初，失盗3件铜盉。因此，仅殉葬人坑中的少量文物得以保存。但在盗掘同样惨重的1004号陵墓的南墓道中，却堆积着铜戈、

125

矛、胄等 70 多套，仅铜戈即有 700 件。可以肯定，第
1001 号王陵的随葬品应是惊人的丰富而高级，30 年代
从陵中盗掘的 3 件铜盉，形体庞大雄伟（体高超过 70
厘米），装饰豪华繁缛，铸工精良上乘，堪称重器，而
它只不过是整个随葬品器物群的豹皮一斑、九牛一毛
而已。

第 1001 号王陵中，与墓主人同穴而埋的殉人将近
百数，殉牲不详。异穴者，殉人约 60 多人，殉马十几
匹。

总之，商王陵墓工程浩大，气势恢宏，以大量活
人和牲畜殉葬，并随葬无数宝器珍物，可谓穷奢极侈，
充分显示了商王的独尊地位。

商王室贵族墓　商王以外的王室成员，生前高官
厚禄，死后重殓厚葬，显贵无比。今以新中国建立后
发掘的两座王室贵族墓为例，略做说明。

武官大墓是在安阳武官村北发现的一座平面呈中
字形的商代晚期大墓，墓室长 14 米、宽 12 米、深 7.2
米，南北各有一条墓道，分别长 15.6 米、15 米。墓内
棺、椁齐全，椁室系用原木铺盖叠垒而成。椁底中央
有一坑，内埋持戈殉葬人 1 名。北墓道中有一个殉人
坑，埋有殉人 2 个，作蹲坐姿势，分别携铜戈、铜铃 1
件；有 3 个殉马坑，殉马 16 匹，配备青铜马具；有 2
个殉犬坑，殉犬 4 条。南墓道内埋有殉人 1 个、殉犬 1
条、殉马 12 匹。

在墓室的二层台上有规律地排列着 41 名殉人的尸
骨，东侧的多为男性，西侧的多为女性，还有木棺，

随葬青铜礼器、兵器和玉佩饰等，可能是墓主人的亲信侍从和妾婢一类人物。在墓室填土中还发现34个人头。总计共殉葬79人、28匹马、3只猴、1头鹿及15只其他禽兽。

该墓早年曾被盗掘、焚烧，所以棺、椁和墓主尸骨均已不见，椁室中的随葬品也所剩无几。墓中出土的珍贵文物以一件虎纹石磬最有代表性，它制作精致，音色优美。该墓与1400号王陵并列，从其所处的地望以及建制、规模和使用较多的人、兽殉葬，可以推知其主人应是王室要人。

安阳小屯5号墓是商王武丁的妻子妇好之墓，墓室长5.6米、宽4米、深7.5米，无墓道，东西墓壁上各有一龛，内置殉葬人。木椁内的木棺上糅涂朱、黑色漆。墓底中央的土坑中埋有殉葬人、犬各一，加上其他各处的殉葬人、犬，共16人、6犬。墓中的随葬品丰厚，总数达1928件，其中青铜礼器200余件，不乏重器和珍品、精品。青铜兵器130多件，其中一件大铜钺重9公斤（见图33）。出土玉器755件，还有玛瑙、绿晶、绿松石、孔雀石和水晶制品近50件，均美妙诱人，而2件镶嵌绿松石的象牙杯，则更是精巧绝伦。墓上有享堂，可供墓祭。

作为武丁的妻子，妇好

图33　安阳殷墟妇好墓
出土大铜钺

曾主持过重要的祭祀活动，并亲率军队去征伐夷方、土方、羌方、巴方等敌国，其中某次伐羌方时，她手下的兵将竟有 1.3 万人。显然，妇好并非普通的王后。

触目惊心的人殉人祭 商代的贵族奴隶主们不但攫取了奴隶们创造的无数财富，而且还控制着大量奴隶的身家性命，大规模地杀人殉葬、祭祀，是商代奴隶制文明社会阶级（种族）压迫之集中表现。商代的统治者极为崇信鬼神，认为人间祸福系于鬼神之手，因此不断地举行各种祭祀，向鬼神贡献酒食乃至奴隶，在他们看来，把奴隶贡献给鬼神以祈福佑，比之单单从奴隶身上榨取一些剩余财富要重要得多。

用人殉葬，在商代各级奴隶主中十分盛行，社会经济地位越高，墓葬越大，殉人也越多。据考古资料，在河南、湖北、山东、河北、陕西等地均发现商代的殉人墓葬，中小奴隶主墓中一般殉葬一至数人，置于棺椁周围或椁顶。这些殉葬人有的是被杀死后或砍头后埋入的，有的是被捆着活埋的；有的身无一物，有的享有少数随葬品，这与墓主人的关系及自身地位有关。在上层奴隶主的大型墓中，几乎无一例外地用人殉葬，例如，安阳殷墟第 1001 号王陵殉葬人数超过 164 人，安阳武官村大墓共殉葬 79 人。据统计，安阳西北岗 14 座商代大墓中的殉葬人总数达 3900 人左右。《墨子·节葬》揭露说，古代天子杀人殉葬，多者数百人，少者几十人。为将军殉葬，多者杀数十人，少者杀数人。所说情况与商代相似。

商代用人祭祀天地鬼神留下的人牲坑，在各地发现不少，帝王宫殿和宗庙在建筑过程中要举行有关仪式、杀人祭奠，以及在宗庙前杀人祭祖。这里要讲的是江苏铜山县的商代杀人祭社遗迹、安阳西北岗和后冈的杀人祭祀遗存。

铜山县的丘湾遗址中有一处商代的社祭遗迹（所谓"社"就是土地神）：埋有20具人骨和12条狗，人狗混杂，既无葬具也无随葬品。经科学鉴定，人骨皆青壮年男女，都是俯身屈膝状，且多是双手反缚在背后，所有的人头和狗头都朝向社石。考古学家认为这是在举行祭社活动时，杀人、狗为牺牲，然后就地掩埋。殷墟出土甲骨卜辞记载有杀人祭社的事件。

安阳殷墟王陵东区有一大片商人祭祖时留下的人牲坑。新中国建立后，在这里进行了3次考古发掘，发现的200多座长方形祭祀坑，排列密集而有序，大部分为南北向，坑内埋的多属男性青壮年；东西向坑较少，所埋多是成年女性或儿童。这些人都是商王祭祖时杀戮的人牲，绝大多数是处死后掩埋的，以砍去头颅者最多，也有的是断肢、腰斩或肢解后扔进坑内的。另有一部分青年女性和儿童呈捆绑状，可能是活埋的。这些人牲几个人合埋于一坑之中，骨架叠压无序。据统计，在5000平方米范围内，仅新中国建立后发掘出的人牲即有1330多人。另外，在这片祭祀场的西北，建国前曾发掘1000多座小土坑，内埋全躯人架、无头肢体、无身头颅等人牲以及车马禽兽等，也属于祭祖场的一部分。这样一来，在这里因祭祖而杀害的人牲，其数目相当惊人！据历史学家胡厚宣统计，甲骨文中记载商代后期"共用人祭 13052 人，另外还有 1145 条卜辞未记人数，即都以一人计算，全部杀人祭祀，至少亦当用 14197 人"。另据专家研究，商王在安阳西北岗祭祖，杀人祭祀数量最多的一次竟达 339 人。而甲骨卜辞记载说，某次祭祖时用 400 名羌人为牺牲，另一次祭祖则杀 500 名仆人做牺牲，这样大规模地杀人祭祖，实在惊人。安阳后冈的祭祀坑，是一座直径 2.3 米、深 2.8 米的圆坑，坑内上半部分填有许多含大量木炭的灰土、红烧土，下半部分分 3 层埋有 73 个人的尸骨。其中：第一层埋无头尸体 2 具、无身头颅 7 颗；第二层埋无头身躯 1 具、无身头颅 9 个；第三层埋缺腿、足者 5 人，人头 10 颗。以上尸骨姿态各异，或仰或俯，或蜷身屈肢，或捆绑跪扑，狼藉不堪入目。他们中男、女、老、少都有，其中包括儿童 13 人、婴儿 2 名。坑中出土一批器物，包括铜器 10 件、陶器 32 件、玉制装饰品 4 件、贝壳 700 多枚，另外还出土成束的丝和成堆、成罐的粟。发掘者认为，这个圆坑，是商代晚期一次场面很大的燎祭仪式所遗留下来的，坑内埋的尸骨，是惨遭杀害的人牲，是奴隶（大概属于异族奴隶）。

在考古发掘中，还经常发现商代的"车马坑"，这是当时大型祭祀活动或为高层奴隶主殉葬而埋下的马、车，有的还有驾车的人，甚至还有武士。

森严的阶级等列制度　作为成熟的阶级社会，商代的阶级等列制度相当严明，如果我们撇开历史文献和甲骨文的记载，单就考古发现而言，即可形象而明晰地揭示出这一点来。

首先，我们来看商代房屋建筑所体现的阶级关系和等列制度。在偃师二里头遗址、偃师尸乡沟商城、郑州商城和安阳殷墟 4 座都城所发现的大批宫殿，均规模宏大，气势雄伟，充分显示了君临天下、唯我独尊的商王的身份地位，这些宫殿成群连片，耗时费工，不知要有多少人为之流血流汗，甚至捐躯献命。地位次于商王的诸侯方伯，也要修建高大的殿堂。例如，在湖北黄陂盘龙城商代城址内，也发现总面积约 6000 平方米的 3 座宫殿，坐落在一个高约 1 米的夯土台基上面。其中 1 号殿址保存较好，殿基长近 40 米、宽 12.3 米，为坐北朝南的 4 间高厦，周围有回廊。

中下级奴隶主的居室比起宫殿来要小得多，但也比较讲究。在郑州发现的这类房子，版筑夯土墙，地坪夯打平整结实，有的经火烤，可以防潮，有的还施加白灰地面，美观而隔潮。这类房子在建造过程中，奠基时有的也举行杀人而祭的仪式，故在其房基下往往有人骨架或狗骨架，甚至还有被砍下的人头和幼儿尸骨。

至于穷苦平民和奴隶们的住处，则十分简陋低劣。广大农村的草棚陋室姑且不提，就是在都城里面，也分布着许多小房子和穴坑，其中半地穴式的小窝棚在偃师二里头、郑州商城和安阳殷墟均有发现，它们都是单间，平面多呈方形或圆形。系在地上挖个土坑，再在坑上架盖草顶。讲究点的地面经夯打，或经火烤，而另有不少则只是一个普通的坑穴，既狭窄矮小，又阴暗潮湿，住在这些地方的人们，正是各级奴隶主直接驱使奴役的对象。

再看商代的墓葬，也是等级分明，相差悬殊。根据墓葬的形制、规模、随葬品等，可把商代墓葬分做7个等级。头等墓属商王和诸侯王的陵墓，不仅有宽敞的墓穴，而且还有4条墓道，气势恢宏，规模惊人。墓中使用较多的人畜牺牲，随葬大量珍贵器皿。二等墓是2条或1条墓道的大型墓，规模小于王陵，以安阳武官大墓和安阳后岗大墓为代表，出土司母戊大方鼎的大墓可归于此等墓中。墓中有不少的殉葬人和大量器物。三等墓为中型偏大的墓，有的有一条墓道，有的无墓道，以安阳小屯妇好墓为代表。墓中有殉葬人和若干青铜器、玉石器等。四等墓是中型偏小之墓，棺椁俱全，使用殉人一至数个不等，随葬少量青铜礼乐器。五等墓是偏小型墓，有棺，约半数有木椁，很少用人殉葬，有少数墓随葬青铜礼器。六等墓是小型墓，既无椁，也无铜礼器和铜兵器，更无殉人。最末等的墓，是那些被用于殉葬或祭祀牺牲品的人的葬身之所。

最后，从青铜礼乐器的使用上也可明白看出商代的阶级等列制度。在商代，被统治阶级是没有资格使用、也根本没有能力置备青铜礼乐器的，他们在日常生活和生产中所使用的，只是陶器和石器之类的粗贱之物。在统治阶级内部，则依照其身份地位的高下，使用数量和品种不同的青铜礼乐器。身份越高，青铜礼器的数量就越多，品种就越全，器形也越大。高层人物享有青铜乐器，而中下层人一般无铜乐器。地位最低微者仅拥有一两件铜觚、爵而已。这种以青铜礼乐器划分的人群等级与以墓葬划分的人群等级正可对应。因而，有学者以青铜酒器爵、觚的使用数量为标准，结合其他的有关情况，作出论断说：目前所见商代早、中期的随葬铜礼器的墓，均属当时的中小贵族。到商代晚期随葬40套铜觚、爵的妇好，是商王的配偶；随葬5套铜觚、爵的墓，属于地位显赫的高级贵族；随葬二三套铜觚、爵的墓，是中等贵族；而小贵族只能随葬一套铜觚、爵。

活生生的考古现实，表明商代是一个少数人压迫剥削多数人、阶级等列制度相当森严的社会，从商王到平民再到奴隶，等级分明，不容混淆。

必须指出，上述材料并不能全面、恰当地反映商代的阶级关系和等级制度，实际上商代的社会结构是很复杂的。无论是商王国还是其他方国，都可分成王与贵族、平民、奴隶三大阶级，其中王和贵族是统治者，广大平民是基本群众，而奴隶则处于社会的底层。在贵族内部，又可分成若干个等级。值得注意的是，奴隶并不是固定的人群，当时实行的是宗族奴隶制，即处于统治地位的宗族对被统治宗族的奴役压榨，某一宗族在某方国内是贵族，而在王国或其他方国内可能便沦为奴隶。在奴隶一族内，人们也有贵贱高下之分。这些极其复杂的社会关系，很难用小部分考古材料来表述清楚。准确一点说，商代的社会结构呈重叠金字塔式，即无论高高在上的统治阶级，还是被奴役、被统治的阶级，其内部结构都呈金字塔式。

 4 基本定型的汉字——甲骨文

《尚书·多士》说"惟殷先人，有册有典"，即殷（商）人有用文字记录下来的典章史册。大量的实物证据也表明，商代确实有基本成熟的文字，用于记录自然界现象及人们的社会活动。这些文字，有的刻在陶器上，叫陶文；有的刻在玉石器上，称玉石文；有的铸在铜器上，叫金文；更多的刻在龟甲兽骨上，专称甲骨文。这些文字实属同一文字系统，甲骨文可为其代表。

据传说，商代甲骨文是在清代光绪年间由清廷大吏王懿荣从中药"龙骨"中发现的，也有人说甲骨文最初是由天津的两位穷秀才孟定生、王襄最先辨识出来的。总之，商代甲骨文是清代光绪末年才被人们认识，随即受到金石学者的高度重视。金石学者多方高价搜求，从所谓的"龙骨"中抢救出一些有字甲骨，同时也引发了大规模的私人挖掘，使富藏甲骨的安阳殷墟遭受严重破坏。据统计，1899～1928年，国人共搜集到商代有字甲骨约4.5万片；与此同时，美国、英国、德国、加拿大和日本人也通过种种途径从中国获得约5.5万片有字甲骨。1928～1937年，中央研究院历史语言研究所的考古学者在安阳殷墟的考古发掘中又获得商代甲骨2.5万片，其中1936年在一个窖坑内就发现甲骨 17096 片，同时，河南博物馆在此挖得甲骨 3656 片。1949 年以来，中国社会科学院考古研究所在安阳殷墟也不断发现甲骨文，最重要的两次发现是：1973 年，在小屯村出土有字甲骨 4829 片；1991年，在小屯村又发现一个商代甲骨坑，内藏甲骨 856片。

根据不完全统计，殷墟出土的商代甲骨已达十几万片，经古文字专家的研究考释，甲骨文中能认识和隶定为汉字者共 1700 多个，未能认识和不能隶定的单字有 2500 多个，另外还有合文（两个字合写为一体）370 多个，合计甲骨文有 4000 多单字。这些汉字可分为象形、会意、形声、假借等类，而以象形字为主。古文字学家陈梦家在《殷墟卜辞综述》中说："我们若把今天的汉字和甲骨文作比较，尽管经过了三千多年的演变，然而基本上是相同的。也就是说，汉字在武丁时代已经大致定型了"，此后 3000 多年，汉字虽有所发展演变，但"只有数变而无质变"。

目前所见商代甲骨文基本上都是商王进行占卜时刻记的卜辞，然而其内容却包罗万象，涉及商王、王后及先公先王先妣的名号庙号、宗族亲戚、阶级关系、政治制度、疆域地理、百官职称、刑罚监狱、军队战争、天文历法、农业畜牧、医药疾病、山川河流，以及宗教、祭祀、建筑、田猎、气象、纺织、酿造、果木、方国、民族等等，从某种意义上讲，甲骨文就是商代的"史书"，是我们研究商代历史的史料库。

甲骨文在商代主要掌握在少数"御用"知识分子

手中。他们就是所谓的"贞人",负责商王的占卜（包括刻记卜辞、解释卜兆），而是直接参与商王国事决策的重要官员。

商代的社会经济与科学技术

青铜冶铸工业 中国的青铜文明，在商代达到了炉火纯青的成熟阶段。

商代早期已经能够铸造青铜礼器，在偃师二里头遗址发现的爵、鼎等铜器，是现知我国最早成组的青铜礼器，铸造工艺已相当复杂。在二里头遗址出土的圆形和靴底形铜牌，镶嵌有绿松石片，也表现了较高的铸造技术。在二里头遗址发现有铜戈、铜刀、铜镞，证明商代早期已把青铜用作兵器。二里头遗址的商代早期铸铜作坊，有供浇铸铜器的"车间"，地面上有浇铸时洒泼的铜液和炽热的陶范在地面上留下的烧烤痕迹，附近还出土不少熔化铜料的坩埚碎块和铸造铜器用的陶范（有的上面刻有花纹）。

在郑州发现 2 处商代中期的铜器铸造作坊：一处在南关外，总面积约 1000 平方米，遗址内到处散布着坩埚块、炼铜残渣、木炭和陶范；另一处在今河南饭店附近，发现有附着铜渣的硬土面，附近散布有碎坩埚块和陶范等。比之商代早期，此时青铜礼器有 5 个特点：一是种类多，除爵、鼎之外，还有壶、尊、瓿、盘；二是数量大，目前所见已数以千计；三是分布广，在今河南、山东、山西、陕西、湖北、安徽、河北等地都发现了商代中期的青铜礼器；四是出现大型重器，如郑州发现的大方鼎，高达 1 米，重 82.4 公斤；五是运用多种花纹进行装饰，素面无纹饰的铜礼器极少见，花纹中以饕餮纹为大宗。

商代晚期的青铜工业又有新的飞跃发展，青铜器的分布面更加广阔，从大江南北，到长城内外，从陕甘高原，到东海之滨，到处都发现有商代晚期的青铜器，而这些铜器又大部分是在各地分别铸造的，表明青铜冶铸技术的推广已十分普及。作为王都，安阳殷墟无疑是当时的青铜工业中心，这里有多处青铜冶铸作坊，其中位于苗圃北地的一处作坊，总面积超过 10 万平方米，出土的陶范达三四千块，所铸铜器的种类新添了瓿、斗、觯、簋、彝、缶、觥等新品种。商代晚期进入青铜文明繁盛期的主要标志还有：①青铜器的装饰进入多层次立体装饰阶段。立体雕塑的动物和扉棱装饰，使得铜器豪华气派；而由地纹、浮雕、在浮雕上再施线刻所组成的"三层花"装饰，则更使铜器显得高贵华丽。②产生了一批巨型重器。如：1938年在安阳武官村出土的"司母戊"大方鼎，高 1.33 米，重 875 公斤；安阳小屯妇好墓出土的"司母辛"大方鼎，高 80.1 厘米，重 128 公斤；就连盛酒的一件方彝，也重达 71 公斤。③雕塑艺术在青铜礼器上被运用、发挥得淋漓尽致。一批堪称艺术瑰宝的仿动物形铜礼器在各地出土，仿生酷肖，活灵活现，并且结构合理，达到了实用与艺术欣赏的高度统一。即使是在远离中原的四川广汉县三星堆遗址出土的青铜人像，

137

也不但与真人一样高大，而且雕塑精到，形象逼真。

青铜冶铸业要达到如此高超的境界，必须有如下条件：一是要有一支训练有素的高水平专业化技术队伍，包括造型设计、模范制作、采矿选矿、铜料冶炼、合范浇铸等专业的优秀技术人才。二是要有相当规模的铜器冶铸作坊。正如学者所指出的，根据商代晚期熔铜炉具的大小情况推测，"司母戊"方鼎的铸造，需要 70 个以上的熔炉、至少 300 名技术工人同时工作，同时需要 2000 平方米以上的专用场地。三是必须有强有力的组织管理机构。当时的青铜工业基本上属于"官办"，生产目的是供各级奴隶主享用，而不是用于商品交换，所以从采矿、选矿、运输、冶炼到制模翻范、熔铜浇铸等，必须有统一的组织管理机构。当时，国家有关部门和官员就是这种机构及管理人员。甲骨文中有卜辞记载说，商王准备熔化铜料铸造一件铜盘，卜问是否吉利？另有一条卜辞说，商王想开炉化铜，先用牲血祭奠，时间选在今天，吉利否？显然，主管青铜冶铸的部门不仅组织严密，而且工作相当庄重谨慎。四是需要殷实的经济实力。不难推断，从采矿到铸造出铜器，这中间需要大批的人力，而这些人的生活资料都要由别人来供给。据实测，仅安阳妇好墓中随葬的 1625 公斤铜器，从采矿到成品，就需要几万乃至十几万个劳动工日。一个三等墓中的铜器尚且如此，一、二等墓又不知要多少倍于此，连同当时其他阶层所用铜器计算在内的话，商代晚期青铜工业的规模之大，所耗人力财力之多，恐怕是个异常惊人的数字。

玉器、漆器和陶瓷制造等手工业 商代的手工业，除了具有代表性的青铜冶铸外，其他行业也具有相当高的成就。

商代的制玉业成就非凡，首先表现在玉器的数量甚多，各地各级奴隶主贵族都用玉器为装饰品，并握有数量不等的玉礼器。安阳妇好墓中出土玉器达750多件，是个极好的例证。其次，玉器的种类繁多，除了各种各样的佩饰以及圭、璧、琮、钺、戚、矛、刀等礼器外，还新创了仿铜容器的玉礼器（如簋、盘、豆）、日常生活用具（如臼、杵、梳）和大量人物、动物形圆雕玉器（有人、龙、虎、象、凤、鸽、熊、牛、马、羊、猴、兔、鸬鹚、鸥鹍、鹦鹉、鸡、鹤、燕、鹰、鹅、蝉、螳螂、鱼、蛙、鳖，还有尚未辨明的珍禽异兽）。再次，使用了新型工具，琢磨技术也达到了新的境界。锯和"锼弓子"已用于切割镂雕，而花纹的雕琢，"勾"、"切"娴熟，"挤"、"压"自如。管钻运用熟练，抛磨细腻，光润洁美。

在安阳殷墟商王陵墓中，除了在棺椁上髹红、黑漆，并绘饰饕餮纹以外，漆器则有盆、盘、瓢、豆等。河北出土的商代漆器，朱地黑花，色彩绚丽，花纹精细，铜器上的饕餮纹、云雷纹、蕉叶纹皆见于漆器上。更令人惊叹的是，有的漆器上还镶嵌着各种形状的绿松石，贴着不到一毫米厚的钻花金箔！

瓷器是商代的一种贵重器物，它是用瓷土制坯，经高温烧成，表面施光亮致密不透水的灰绿色釉。它是后世青瓷的鼻祖，专家们称其为原始青瓷。其种类

139

主要有尊、豆、盂、罐等，目前在河南、山东、河北、安徽、江西等地均有出土，是当时较稀贵的器物，其价值往往不在青铜器之下。

商代还有一种很珍贵的陶器，也是用瓷土制成，白色，质地细腻，器表精工雕刻各种花纹，其形制皆仿青铜礼器，花纹与铜器花纹同样精美。白陶目前在河南、河北、山东的大型商代遗址中均有发现，而以安阳殷墟出土的最多。有学者指出，商代的白陶是一种稀贵的礼器，一般只有高层人物方得享用，它代表着中国古代白陶的最高技术水准。

据传说，夏代已经有车，而且薛国的奚仲是夏王的"车正"，但夏代的车子至今尚未发现实物，而考古发现证明商代晚期已有很先进的马车。据《墨子》和《吕氏春秋》记载，当初商汤伐桀，便运用了战车。甲骨文中有车的象形字，轮、轴、辕、衡、轭俱全。商代的马车可用于战争和狩猎。有卜辞记载，某日商王乘车追逐犀牛，小臣驾车，不料马跌倒，车撞坏，陪同商王出猎的子央也坠落车外。另有卜辞记述，商王为了征伐某敌国，拟动用战车，占卜是否吉利。商代的马车实物也已多次被发掘出来。单辕双轮，有栏杆式车厢，配 2 匹马或 4 匹马。商代的战车也被发现，一为 3 人、4 马，3 人各备一套兵器。史书说，古代战车每车配 3 人，一人驾马，一人持戈矛，一人用弓箭，考古发现的商代战车正是这样。

商代的丝织业的水平也相当高。商人很重视甚至崇拜蚕，卜辞中有"蚕示"，即蚕神。在安阳殷墟和山东益都出土过商代玉雕蚕。从商代早期的偃师二里头遗址到商代晚期的安阳殷墟，都发现过丝织品，而且多是包裹在青铜器的外面。据著名考古学家夏鼐研究，商代的丝织品可分为 3 种：一是平纹组织，经线与纬线大致等量，每平方厘米有经、纬线各 30～50 根；二是畦纹平纹组织，经线比纬线多一倍，每平方厘米的经纬线是细者为 72×35 根、粗者为 40×17 根，由经线显出畦纹；三是文绮，地纹是平纹组织，花纹是三上一下的斜纹组织，由经线显花。在安阳妇好墓中发现的丝织品种类很多，有绢、绸、缣、绮、罗，其中平纹绢最细者为每平方厘米经线 72 根、纬线 26 根，有的还经过朱砂染色，其在丝织技术方面的成就，令人惊叹不已。

商代在手工业方面取得的上述成就，显示着商代社会分工的进一步完善，手工业专业化程度更加提高。如果没有一大批高水平的专业技术人员，是不可能达到如此程度的工业水平的。据记载，周灭商，曾俘虏了许多商王国的手工业者，其中包括索氏（绳工）、长勺氏、尾勺氏（酒器工）、陶氏（陶工）、施氏、繁氏、绮氏、樊氏、终葵氏等，表明当时社会生产分工之精细。除了各手工业有明确分工以外，同一行业内部又有更细的分工，这反映了当时社会经济之发达。

商代的农业和畜牧业　有大量材料证明，农业是商代最主要的社会生产部门。

在古书中，有不少关于商族从事农业生产的记述。《孟子》记载，当初葛国荒废祭祀，理由是"无以供粢盛也",即没有粮食贡献给鬼神,于是商汤派人去葛国助耕。《尚书》载,商汤伐夏桀时,士兵曾埋怨说"我后不恤我众,舍我穑事而割正夏",即说商汤不体恤民情,为了征伐夏桀而耽误了收割庄稼。《尚书》还记载,商王盘庚曾说过:农夫尽力耕种,秋天才会有好收成,而若懒惰成性,不好好耕种,便不会收获到谷物。后来周公也指责祖甲以来的商王不关心农业生产,不知道农民的辛苦,只知贪图享乐。

从甲骨文中可以看到商王对农业生产的重视。有卜辞说商王亲临田间视察农耕。还有卜辞记载商王命令众人去耕作、种黍,有时还派王后到田间监督耕种。卜辞中常有"受年"、"不受年"的卜问,即求问庄稼能否丰收?甚至向田里施肥以及是否有蝗灾,商王都要占卜。有时商王还举行祭祀,祈求禾苗正常生长。

商代的农作物,在甲骨文中记载有七八种之多,现在肯定下来的有麦、稻、黍、稷,而以黍、稷为主。粮食多了就要储存起来,甲骨文中有"仓"、"廪"等字,当指储粮处所,在商代遗址就发现过许多储粮窖穴。

商代虽是发达的青铜文明社会,但铜器在农业中的应用仍然有限。农具以石制的斧、镰、刀、铲为主,另外还有用蚌壳、兽骨制作的刀、镰、铲等。考古发现的商代石、骨、蚌类农具,已数以万计,而青铜农具不过几十件。

商代农业发展的重要原因,与当时实行的奴隶制生产关系有关。井田制是商代基本的土地制度,商王和其他奴隶主贵族靠驱迫广大平民、奴隶提供无偿劳动而聚敛财富。在殷墟宫殿区内，曾发现数百件、上千件石镰堆放在一起，表明王室驱使的劳动者极多。

尽管商代的农夫使用的多是简陋原始的农具，然而靠着辛勤的劳作，还是能为各级统治者提供大量的粮食。农民要负担王室贵族、官员、士兵以及手工业工人的口粮，而且还要提供若干的粮食用于酿酒。商代贵族崇信鬼神，好祭祀，喜饮酒，每年都要消耗大量的粮食去酿酒。在考古发现中，王公贵族与各级奴隶主之墓中都有成套的青铜酒器，因身份不同而数量不一。中下层贵族尽力效仿王室贵族自不消说，就连普通平民，也往往用陶质酒器随葬。据说商纣王"好酒淫乐"，"以酒为池，悬肉为林"，"回船糟丘，而牛饮者三千余人"，使男女裸体嬉逐其间，以为长夜之饮。无怪乎周公作《酒诰》，把商之亡国归因为"荒腆于酒"，连纣王的兄长微子也承认商末统治者"沉酗于酒"而国破家亡。不难想象，商代的农业要提供许多粮食，才能满足统治阶级的需求。

畜牧业也是商代的重要经济门类。据传说，商汤的祖先王亥贩卖牛羊，被有易氏夺去牲畜并害了性命。《管子·轻重》说商之先人"立皂牢，服牛马，以为民利"。《世本》说商之先人"王亥作服牛"，"相土作乘马"，是说商的先人设置牢圈饲养牛马，并驯服牛马用于役使。

据甲骨文记载，商代饲养的家畜有马、牛、羊、猪、狗、鸡等，已经"六畜"齐全，而在各地的商代遗址中，也都出土了"六畜"遗骨。当时对于家畜采取圈养和放牧两种饲养方法。猪好吃嗜睡，于是多采取圈养，甲骨文的"家"字即取义豢养猪的屋宇。对于好动的马、牛、羊，则多采取放牧。甲骨文有不少字是描绘以手持鞭放牧家畜，字之一边从马、从牛或从羊，另一边为一手举鞭状，实皆为"牧"字，分别指牧马、牧牛、牧羊，后来从牛之"牧"通行，而从马、从羊之"牧"废止了。考古学家郭沫若还从甲骨文中辨识出了"畜"字，指系牛马于圈；又考释出"厩"字，认为是养马的栏圈。从甲骨文中还可看出，当时在认识家畜性别、习性的基础上，已经知道对家畜进行阉割，反映了畜牧技术的进步。商代还设有畜牧官员，卜辞中提到的"多马"、"马小臣"，据认为就是管理马政的官员。

商代祭祀频繁，把大量牲畜用作牺牲品，一次宰杀牲畜的数量可达数百上千，这一习俗已为甲骨卜辞和考古发现所证实。商代除把马用于祭祀和乘骑，还用来拉车。马车既是生活和生产上的代步、运输工具，又可用于冲锋陷阵的战场，出土文物中的青铜"马面"，就是披挂在战马头上的"面盔"。

宝龟货贝　商王朝是一个版图辽阔、交通和商业贸易比较发达的国家。商王控制的地盘纵横上千里，其影响所及，范围更大。商王朝与周边方国有着种种联系，包括商业贸易。在商王朝的腹地，已发现若干来自遥远地方的物品，如海贝、龟甲、朱砂、鲸鱼、绿松石和某些玉石等。海贝、龟甲来自海滨（据专家鉴定，安阳妇好墓中的海贝产自南海、台湾一带），而有的玉石则来自新疆和阗。这首先表明商代的交通超出了我们的想象之外，同时也表明商代的远方贸易确实存在。因为到目前为止，我们并无任何证据可以证明商王朝与新疆和阗及南海、台湾等地方存在过联姻、友好通使或敌对征伐之类的关系，因此和阗玉石和南海贝壳来到中原，系商业贸易之结果的可能性极大。

由于商王朝需要大量龟甲用于占卜，而这些龟甲又来自遥远的海边，其珍贵自不待言。海贝起初是作为奇物用于装饰的，后来演化为货币。据目前掌握的资料，贝壳演变成货币，应是商代的事情。货币的出现，是商品交换发展到一定阶段的产物。说商代使用贝币，有如下根据：

其一，社会上拥有贝壳的人很多，其中有的人的贝壳已远远超过了自身装饰物的数目。据统计，安阳殷墟的商代墓葬中，约小半随葬有贝壳，就连身份最低贱的人身上，有时也会携有一二枚贝壳。安阳妇好墓中随葬了大约7000枚海贝，山东益都苏埠屯商代大墓中有海贝3790枚，绝不可能是装饰品。

其二，出现一些仿制的假贝。从商代早期到商代晚期，都存在一些用石片、蚌壳、骨头仿造的贝，这些贝基本上不具备装饰意义。它们的出现，或许是人们对于贝币的渴望与崇拜，或者它们也能起到货币的某种作用。值得注意的还有，在山西保德县的商代墓中，还发现一批铜贝，有学者推定其为我国最早的金属货币。

其三，在安阳殷墟发现过拥有较多贝壳的商贾的墓。这种墓的主人身份很低下，墓坑不大，不具备成套青铜礼器，随葬器物以陶器为主，但他们却拥有许多贝，有的多达 350 枚。而据商代晚期的金文记载，得到 50 枚贝即可用来铸造一件甚至几件青铜礼器，那么拥有数百贝币却不能置办铜礼器随葬，只能说明其身份不允许他们拥有青铜礼器，故此有学者推断他们是从事商业、赚了不少货币的商贾。

其四，王室贵族们对臣下的赏赐，通常是以贝来实现。甲骨卜辞中有商王赏赐臣下一朋贝和多名女子的记载，也有赏给有军功者二朋贝的记录。朋，是贝的数量单位，10 贝为一朋。商代金文中也有关于赐贝的记载，有意思的是，这些金文不但记载了贝的授、受人，而且还说明贝的用途。如有件铜爵的铭文说，宰格（人名）得到商王奖赏的 5 朋贝，便 "用乍父丁尊彝"，即用来制造了祭祀其父亲的铜爵。有一件铜鼎的铭文说，戍嗣子得到商王所赐 20 朋贝，"用乍父癸宝鼎"。另有一件铜鼎的铭文说，某人得到 200 朋贝的赏赐，"用乍母己尊"。还有件铜器的铭文说，某人受赐 200 朋贝，"用乍父丁尊"。受到的赏赐一律是贝，却都用来铸造了铜礼器，很显然，是通过交换把贝转换成了青铜器之工料了。因此，贝是货币当可确信无疑。

6 商代的方国文明

商代的中国，除了中原地区的商王国以外，周边地区还有其他的方国，它们也都进入了青铜文明成熟期。

在山东益都的苏埠屯，发掘了商代大墓、中型墓各2座。其中，1号大墓是有4条墓道的大型木椁墓，墓室长15米、宽10.7米、深8米，南墓道长26米，墓内殉葬48人，出土的铜器"王气"十足，其大铜钺更属罕见精品。很显然，墓主的地位很高，因而学者判定这是商代东方著名方国薄姑国君之陵墓。

在山东滕县周代薛国故城附近，发现有商代的大墓和遗址，已发掘的大墓中随葬品非常丰富，包括铜、玉、瓷、骨、石、蚌、陶器和贝、龟甲以及金箔等1000多件，联系到《左传》说"仲虺居薛，以为汤左相"，大体可以判定这里是商代薛国所在地，薛君仲虺是商汤的宰相，薛应是商的附庸国。

在北京平谷县发现一座商代墓，内有青铜礼器16件，还有铁刃铜钺、金钏、金耳环，铜器与中原所见无大别，而金器则显然具有北方草原民族之风格。《左传》载，周人说："及武王克商，肃慎、燕亳，吾北土地"，即周初的疆域包括了北方的肃慎、燕亳。近年考古发现已证实周初的燕国都城就在北京房山县，因而平谷县的商代墓极可能属于商代的燕国。

在辽宁喀左县，先后两次发现商代窖藏铜器，其中一件商代铜器上有铭文"父丁孤竹亚微"，据专家考证，认为是商代孤竹国的文物。孤竹国是商王国的同姓诸侯国，商代末年孤竹君的两个儿子伯夷、叔齐互相让国，双双投奔周文王，结果因没能劝止武王伐纣，隐入首阳山饥饿而死。

据甲骨文记载，商王国长期与其西北方向的邻国征战，这些邻国有土方、鬼方、龙方、马方和羌方等，学者推定它们大体分布在今山西境内。考古学者已在山西垣曲县发现商代古城，夯土城墙至今仍高高矗立。在南起平陆、北到保德的范围内，陆续发现许多商代的墓葬和铜器窖藏，出土一大批青铜器，其文化面貌与中原文化大略相同，同时又含有某些北方民族的文化特征。可以认为，山西的中南部，应是甲骨文记载的西北诸方国的所在地。

推倒商王朝的周国（大本营在今陕西岐山），原本是商之附庸国，周文王时已是"三分天下有其二"，势力非常雄厚，与商王国旗鼓相当。近年来的考古发现也证明周国在商代后期已经十分兴盛。

在四川彭县，曾两次发现商代铜器窖藏。在四川广汉县，最近更发现商代的城垣，并发掘了2座商代的祭祀坑，2号坑内出土文物600多件，仅青铜器就有400多件，其中高达2.6米的青铜人像，充分显示了当地青铜文明的高度发达。学者一致认为，四川彭县、广汉的商代遗存，属于蜀国。当年周武王伐纣时，蜀国也曾派兵助战。

湖北黄陂盘龙城有一座商代中期的城邑，城垣长290米、宽260米，城内有一组宫殿，其中一号宫殿长37.8米，有回廊。城外有若干商代墓葬，其中一座墓长近4米，有木椁，殉葬3人，随葬23件青铜礼器、40件青铜兵器和工具。有学者认为盘龙城应是古荆楚的都城。

江西清江县吴城遗址，是一处商代中、晚期的大型遗址，发现有铸造铜器时使用的范具。不久前，在江西新干县又发现一座商代大墓，内有大批商代青铜礼器和兵器、农具以及若干玉器和陶器等。显然，这是赣江中下游地区商代某方国的遗墟和王陵。

此外，在湖南、安徽、江苏、陕西的若干县市也陆续发现商代遗址，出土一些商代青铜礼器。可以认为，这些都应是商代有关方国之文化遗存，只是其国名多已不可详考。

总之，在商王国周围，分布着若干方国，它们与商王国共同创造了我国商代灿烂的青铜文明。

七　关于中国文明起源
研究的几点认识

 考古发现与中国文明起源研究

当前，研究中国文明起源所面临的两个前提性问题是：怎样认识传统的中国古史体系？采用什么方法和途径研究中国文明起源。

很长时间以来，不少学者把我国夏代以前（甚至包括夏代）叫做"传说时代"，以与商代以来的"信史时代"相对应。关于这个"传说时代"，古代文献中有许多的记述，有两种截然不同的看法：有人把它们一概当做信史，字字句句信以为真，结果是漏洞百出，治丝愈棼（音 fén，纷乱）；另有人则把它们看做是一种根本靠不住的传说，甚至认为是完全出于后人伪造。于是，中国的上古史便形成一个大大的空白，有商以来的"信史时代"也成了无源之水。

就今日研究中国文明起源来说，前种倾向固然无有益助，而后种倾向危害更大。追根求源，后种学术倾向在我国学术史和思想政治史上有深远的根源。早在 18 世纪末, 崔述写成《考信录》, 依据"经书"对我国的上古史进行了一次考订清理, 认为战国以来古书所述古史存有无数的谬误, 有意无意中伪造了历史。到 19 世纪末, 受西方学术思想影响的康有为, 更进一步地怀疑起了有关中国上古史的若干记述, 甚至把"经书"的一些记载也从信史中排挤了出去, 宣称"上古事茫昧无稽", 认为古代典籍中的许多古史记载, 是汉代刘歆伪造的。实际上, 康有为是把学术之争用作了政治斗争的武器, 其目的在于"托古改制", 实现他革新变法的政治主张。古史学家顾颉刚早就指出: "我觉得他们拿辨伪做手段, 把改制做目的, 是为运用政策而非研究学问。他们的政策是, 第一步先推翻了上古, 然后第二步说孔子托古作'六经'以改制, 更进而为第三步把自己的改制引援孔子为先例。"

五四运动以来, 在中国兴起了新文化运动, 一些人高举"民主"与"科学"的旗帜, 对民族传统文化进行了新的大冲击、大清理, 在破除迷信、解放思想方面, 做出了贡献。在此背景下, 中国学术界"疑古"思潮汹涌, 以著名学者胡适为代表的小部分人, 不相信我国古代有优秀的文化, 不承认中华民族有极为悠久的历史。胡适说"中国有史的时期自商周始", 又说我国自周秦以来"百事不如人", 曾提出"宁疑古而失之, 不可信古而失之"之非科学口号, 他的学术见解, 归根到底是要为他的"全盘西化"政治主张服务。与此同时, 以顾颉刚为代表的"古史辨"派学者, 埋头于古书考证, 试图把中国上古史理出个头绪来, 结果发现许多古史记载出自后人之手，从而提出了"层累地造成的中国古史"之著名论点。实际上，经他们这么一"辨"，中国上古史便徒有空壳了。

后来，马克思主义史学理论传入中国，才使中国上古史的面目逐渐显露出来。在中国上古史的重建工作中，考古学发挥了决定性作用。

20世纪中国学术界走过的道路已经表明，对于传统的中国上古史体系，决不可盲目"疑古"，更不能全盘否定。

早在清代末年，王国维就提出了依靠书本史料和文物史料研究古史的"双重证据法"，并从殷墟甲骨文考释出了已见于有关史籍的商代先公先王之名号，于是宣称"《世本》、《史记》之为实录，且得于今日证之"，因此，《史记》等古籍中的商代史成为信史，一些所谓的"伪书"、"伪史"也随之被平反。从30年代开始的对安阳殷墟的考古发掘，已把商代晚期都城的轮廓勾勒了出来。如今，考古学（包括甲骨金文研究）不仅证实了古书中有关商史的许多记载，甚至还告诉了我们史书中所没有记载过的商代历史的若干方面。关于商代以前的夏王朝，乃至于夏代以前数千年间的中国古代社会，我们也从考古学那里知道了许许多多的情况，本书中已汇集了其中的一部分。大量考古发现已经证明，从前一些学者的"疑古"实在是疑过了头、疑错了，说"上古事茫昧无稽"的时代一去不复返了。

可是，尽管我们已经取得了突出的成就，有了巨大的进步，但在正确认识中国上古史方面仍有大量工作要做。目前，对于传统的古史系统持完全否定态度的人已极少见，但表面上抽象肯定、实际上具体否定的人尚不少，甚至还有人仍然盲目排斥传统的古史系统，凡此皆不利于今天的学术研究。考古发现告诉我们，传统的中国上古史系统的基本脉络应是可信的，即便某些在前人看来荒诞无稽、极不雅训之言，也正是原始社会的真实写照。

当年以"疑古"而闻名的顾颉刚也强调说"真古史"的重建必须依赖考古学，几十年来的实践也证明唯有考古学才能胜任中国上古史之重建。目前，考古学的工作重点正从以考古学文化区系类型的建立完善为标志的基础研究，转向以探讨中国文明起源为标志的纵深研究，承担起复原中国上古史的历史任务。

总而言之，在研究中国文明起源这一重大学术课题时，首先应当给传统的中国上古史体系以合理而必要的肯定，承认我国有优秀的民族文化和悠久的文明历史，从"疑古"的阴影下摆脱出来，根除民族文化虚无主义，这是一个最根本的思想认识基础。只有这样，才能对中国上古史有个恰当的估价，才能正确认识一系列考古发现。其次，必须遵循唯物史观，尊重客观事实。还有，应积极开展考古发掘，以大量的古代遗迹遗物作为基本史料。

 中国文明起源的过程与特点

一部中国文明起源史，首先是一部中国古代经济发展史。我们远古时代的祖先们，在经过极为艰苦而漫长的以渔猎和采集为生的岁月之后，终于发明了农业和畜牧业，从而开始了自己掌握自己生活命脉的历史。农业和畜牧业作为最根本的经济支柱，随着生产知识的积累和生产技术的提高而日益发展，向人们提供越来越丰富的食物。基础经济的发展，为手工业的发展、社会生产的深度分工、科学技术和文化艺术的成长，以及阶级的分化铺平了道路。

中国文明起源史，又是科学技术与文化艺术的发展史。在长期的生产实践中，人们通过不断的观察、思考、实践，对于自然界有了越来越多的认识，一系列的发明便产生了。从用石块打制成简陋的工具，到把石块兽骨等磨制成各种精巧的工具，再到用铜制造生产工具，每走一步都是了不起的飞跃。陶器的发明，为人们提供了许多日用器皿（包括礼器）；冶金术的发明，象征着一个崭新的时代——早期文明社会的到来，而其发达则标志着中国文明走向了成熟；漆器、玉器、纺织品制造业的诞生和发展，也为社会的进步提供了许多物质条件。另外，人们在生活和生产实践中，天文历法和气象知识也日渐丰富。

经济与科技的发展，促进了文化艺术的进步。早在旧石器时代，人们就知道制作工艺品来装饰自己。到了新石器时代，人们的文化艺术水准迅速提高，从实物资料来看，尤以雕塑和绘画最有成就。肖形（仿人、兽、鸟、鱼）陶器形神兼备，彩陶花纹色彩艳丽，图案内容涉及天象、人物、走兽、飞鸟、鱼虫、植物与几何图形等；黑色陶器乌黑光亮，富有金属质感，而"蛋壳陶"轻薄油亮，堪称一绝；大幅的地画、壁画，用石块和蚌壳摆塑的龙虎，比真人大二三倍的泥塑神像等，充分展示了先民们的艺术想象力和艺术表现力；在雕塑艺术方面成就辉煌者，还有玉器的制作，许多玉器都是珍贵的艺术品。

中国文明起源史，还是民族融合与文化交流史。中国文明在形成过程中，极少受到外来（今中国境外）因素的刺激，但在内部，各地区各民族之间却不断地交流、激荡、融合，这一点已为考古学所证明。黄河中下游与长江中下游地区之间的文化交流与民族融合最为显著，在我国文明起源史上也最重要。

中国文明起源史，还是阶级分化与阶级剥削、压迫的演化史。社会经济的日益发展，为阶级的产生奠定了基础，并最终导致国家出现，社会分裂为统治阶级和被统治阶级。阶级压迫与剥削的结果，是分配的不公和财富的集中。

综观现有的考古资料，我们可以看出，从公元前3500年到公元前2300年之间，是我国文明起源史上的关键时期，在此期间，一系列的文明现象涌现了出来。

文字，历来被视为文明的要素之一。我国文字的起源，至少可以追溯到在河南舞阳贾湖遗址出土的七八千年前的龟甲上的"刻画符号"。仰韶文化陶器上的"刻画符号"已有几十种。良渚文化陶器上既有零散的"刻画符号"，更发现有4个"刻画符号"排成一行的例子；同时玉器上也出现了"刻画符号"。大汶口文化

155

七　关于中国文明起源研究的几点认识

陶器上的"刻画符号"有了固定的"字形"和特定的含义，通行于广大的地区。这些刻在陶器或玉器上的"符号"，有不少被认为是原始文字。

金属器的出现，也历来被视为文明的要素之一。铜器在我国的出现，大约始自5000年前。从黄河上游的马家窑文化、黄河中游的仰韶文化，到黄河下游的大汶口文化以至北方地区的红山文化，都已发现小铜器或铜渣、铸铜陶范，或者铜器留下的痕迹。出土的龙山时期铜器、炼铜炉具和炼铜渣更多，证明当时的青铜冶铸业已达到一定的水平。

礼乐制度的建立，是中国古代文明的要素之一，这是我国学者提出来的新见解。以等级制度为核心的礼乐制度的建立，实质上就是阶级社会到来之表象。礼乐制度的载体主要有礼仪建筑和礼器两类。在我国，专用礼器的出现始自公元前3000年前，较有代表性的包括良渚文化的大部分玉器和一部分陶器、大汶口文化和龙山文化的若干陶器和玉器、红山文化的多数玉器和小部分陶器、仰韶文化和龙山文化的一些玉器和陶器。当时，能否拥有礼器以及拥有礼器的数目、种类、质量的不同，代表着人们身份地位的高低贵贱。

早在夏代之前，一些大型礼仪建筑已矗立在我国大地上。如在辽宁发现的红山文化"女神庙"、祭祀坛和大型积石冢，规模恢宏，气势磅礴；在浙江余杭县等地发现的良渚文化高台夯土基址建筑、人工堆筑的祭坛与坟山，工程浩大，叹为观止；在甘肃秦安发现的仰韶文化殿堂式大型建筑，堂、轩、夹、室俱全，主次分明，蔚为壮观；山西襄汾陶寺遗址的龙山文化大墓，地位突出，气度不凡。

作为我国文明起源史上最为重要的文明现象，还有大型聚居中心的产生和金字塔式社会结构的形成。按照孔子的说法，有无"城郭沟地"是原始社会与文明社会的分界线，城的产生亦即文明社会的到来。恩格斯也说，设置了城墙壕沟的城市的出现，是进入文明社会的标志。现知我国年代最早的有围墙的城，大约筑于公元前 3000～前 2600 年间，较此晚一些的龙山文化城已被发现十几座。从这些城的规模、建制和所处地理位置来分析，它们实际上分属于不同的等级，有的只是一般的城堡，侧重于军事用途，或属于较小人群组织的中心；有的则属于较大人群组织的中心，驻有权力机关，有大量的居民，可归为早期城市之列；有的则处于二者之间。必须指出，有的遗址虽然没有（或尚未发现）城墙，但实属一方政治、经济和文化之中心，应归为早期城市之列。譬如以余杭大观山大型夯土建筑为中心的良渚文化遗址群，在较大范围内居住遗址密集，分布着许多拔地而起的祭坛、坟山。在襄汾陶寺遗址周围，有 70 多处龙山文化遗址，众星捧月般拱卫着陶寺遗址。

金字塔式社会结构在聚落方面的表现是，在相当大的范围内有一个中心，具有"都"的性质，其周围的大小聚落则类似于"邑"、"聚"；在墓葬方面的表现是，大、中、小型墓葬在规模和随葬品的多少优劣方面又构成一个金字塔形。还有许多的材料可以证明，当时确已形成了金字塔式社会结构，其实质，是少数人攫取了统治大权，高踞于社会的顶层，而绝大多数人构成了社会的基础，处于被统治、被剥削的地位，这显然是阶级社会的景象。

关于中国文明起源与发育过程，可做如下归纳：新石器时代前期，是中国文明奠基期；新石器时代后期，是中国文明的孕育、形成期；夏代进入文明成熟期；至商代达到文明繁盛期。大约公元前 3500～前 2300 年，是中国文明起源史上的关键时期。中国有 5000 年文明史之说法，正得到越来越多的考古发现的支持。

中国文明起源有着自己的特点：

（1）本地起源，顺序渐进。由于受大海、高山和丛林的阻隔，中国文明在形成过程中很少受外来文化的影响，一系列的文明因素都是从自己的土地上生长出来的，通过长期的产生、积累、升华，最终形成了华夏文明。这就决定了中国文明根基牢固，富有韧性和连续性。

（2）中国文明是多源的。最初的文明是多中心的，即首先在若干个地方形成了区域性文明中心，然后才百川朝宗归大海，在中原地区集结成了华夏文明核心，因而赋予了中国文明基础广泛、向心力和包容力强等特性。

（3）中国文明主要起源于大河流域的广川平原，建立在以农业为主、以畜牧业为辅的经济基础之上。在黄河、长江流域，几乎所有的"史前"大型礼仪建筑和城垣，主要材料都是用土筑成的，显示了中国文明稳固性强、基础深厚的特点。

参考书目

1. 夏鼐：《中国文明的起源》，文物出版社，1985。

2. 中国社会科学院考古研究所编著《新中国的考古发现和研究》，文物出版社，1984。

3. 张之恒：《中国新石器时代文化》，南京大学出版社，1988。

4. 北京大学历史系考古教研室商周组编著《商周考古》，文物出版社，1979。

5. 李济：《安阳——殷商古都发现、发掘、复原记》，中国社会科学出版社，1990。

6. 安金槐主编《中国考古》，上海古籍出版社，1992。

7. 孙淼：《夏商史稿》，文物出版社，1987。

8. 李绍连：《华夏文明之源》，河南人民出版社，1992。

《中国史话》总目录

系列名	序号	书名	作者
物质文明系列（10种）	1	农业科技史话	李根蟠
	2	水利史话	郭松义
	3	蚕桑丝绸史话	刘克祥
	4	棉麻纺织史话	刘克祥
	5	火器史话	王育成
	6	造纸史话	张大伟　曹江红
	7	印刷史话	罗仲辉
	8	矿冶史话	唐际根
	9	医学史话	朱建平　黄　健
	10	计量史话	关增建
物化历史系列（28种）	11	长江史话	卫家雄　华林甫
	12	黄河史话	辛德勇
	13	运河史话	付崇兰
	14	长城史话	叶小燕
	15	城市史话	付崇兰
	16	七大古都史话	李遇春　陈良伟
	17	民居建筑史话	白云翔
	18	宫殿建筑史话	杨鸿勋
	19	故宫史话	姜舜源
	20	园林史话	杨鸿勋
	21	圆明园史话	吴伯娅
	22	石窟寺史话	常　青
	23	古塔史话	刘祚臣

系列名	序号	书　名	作　者	
物化历史系列（28种）	24	寺观史话	陈可畏	
	25	陵寝史话	刘庆柱	李毓芳
	26	敦煌史话	杨宝玉	
	27	孔庙史话	曲英杰	
	28	甲骨文史话	张利军	
	29	金文史话	杜　勇	周宝宏
	30	石器史话	李宗山	
	31	石刻史话	赵　超	
	32	古玉史话	卢兆荫	
	33	青铜器史话	曹淑芹	殷玮璋
	34	简牍史话	王子今	赵宠亮
	35	陶瓷史话	谢端琚	马文宽
	36	玻璃器史话	安家瑶	
	37	家具史话	李宗山	
	38	文房四宝史话	李雪梅	安久亮
制度、名物与史事沿革系列（20种）	39	中国早期国家史话	王　和	
	40	中华民族史话	陈琳国	陈　群
	41	官制史话	谢保成	
	42	宰相史话	刘晖春	
	43	监察史话	王　正	
	44	科举史话	李尚英	
	45	状元史话	宋元强	
	46	学校史话	樊克政	
	47	书院史话	樊克政	
	48	赋役制度史话	徐东升	
	49	军制史话	刘昭祥	王晓卫

系列名	序号	书　名	作　者		
制度、名物与史事沿革系列（20种）	50	兵器史话	杨　毅　杨　泓		
	51	名战史话	黄朴民		
	52	屯田史话	张印栋		
	53	商业史话	吴　慧		
	54	货币史话	刘精诚　李祖德		
	55	宫廷政治史话	任士英		
	56	变法史话	王子今		
	57	和亲史话	宋　超		
	58	海疆开发史话	安　京		
交通与交流系列（13种）	59	丝绸之路史话	孟凡人		
	60	海上丝路史话	杜　瑜		
	61	漕运史话	江太新　苏金玉		
	62	驿道史话	王子今		
	63	旅行史话	黄石林		
	64	航海史话	王　杰　李宝民　王　莉		
	65	交通工具史话	郑若葵		
	66	中西交流史话	张国刚		
	67	满汉文化交流史话	定宜庄		
	68	汉藏文化交流史话	刘　忠		
	69	蒙藏文化交流史话	丁守璞　杨恩洪		
	70	中日文化交流史话	冯佐哲		
	71	中国阿拉伯文化交流史话	宋　岘		

系列名	序号	书　名	作　者	
思想学术系列（21种）	72	文明起源史话	杜金鹏	焦天龙
	73	汉字史话	郭小武	
	74	天文学史话	冯　时	
	75	地理学史话	杜　瑜	
	76	儒家史话	孙开泰	
	77	法家史话	孙开泰	
	78	兵家史话	王晓卫	
	79	玄学史话	张齐明	
	80	道教史话	王　卡	
	81	佛教史话	魏道儒	
	82	中国基督教史话	王美秀	
	83	民间信仰史话	侯　杰	
	84	训诂学史话	周信炎	
	85	帛书史话	陈松长	
	86	四书五经史话	黄鸿春	
	87	史学史话	谢保成	
	88	哲学史话	谷　方	
	89	方志史话	卫家雄	
	90	考古学史话	朱乃诚	
	91	物理学史话	王　冰	
	92	地图史话	朱玲玲	
文学艺术系列（8种）	93	书法史话	朱守道	
	94	绘画史话	李福顺	
	95	诗歌史话	陶文鹏	
	96	散文史话	郑永晓	
	97	音韵史话	张惠英	
	98	戏曲史话	王卫民	
	99	小说史话	周中明	吴家荣
	100	杂技史话	崔乐泉	

系列名	序号	书名	作者
社会风俗系列（13种）	101	宗族史话	冯尔康　阎爱民
	102	家庭史话	张国刚
	103	婚姻史话	张　涛　项永琴
	104	礼俗史话	王贵民
	105	节俗史话	韩养民　郭兴文
	106	饮食史话	王仁湘
	107	饮茶史话	王仁湘　杨焕新
	108	饮酒史话	袁立泽
	109	服饰史话	赵连赏
	110	体育史话	崔乐泉
	111	养生史话	罗时铭
	112	收藏史话	李雪梅
	113	丧葬史话	张捷夫
近代政治史系列（28种）	114	鸦片战争史话	朱谐汉
	115	太平天国史话	张远鹏
	116	洋务运动史话	丁贤俊
	117	甲午战争史话	寇　伟
	118	戊戌维新运动史话	刘悦斌
	119	义和团史话	卞修跃
	120	辛亥革命史话	张海鹏　邓红洲
	121	五四运动史话	常丕军
	122	北洋政府史话	潘　荣　魏又行
	123	国民政府史话	郑则民
	124	十年内战史话	贾　维
	125	中华苏维埃史话	杨丽琼　刘　强
	126	西安事变史话	李义彬
	127	抗日战争史话	荣维木

系列名	序号	书名	作者	
近代政治史系列（28种）	128	陕甘宁边区政府史话	刘东社	刘全娥
	129	解放战争史话	朱宗震	汪朝光
	130	革命根据地史话	马洪武	王明生
	131	中国人民解放军史话	荣维木	
	132	宪政史话	徐辉琪	付建成
	133	工人运动史话	唐玉良	高爱娣
	134	农民运动史话	方之光	龚 云
	135	青年运动史话	郭贵儒	
	136	妇女运动史话	刘 红	刘光永
	137	土地改革史话	董志凯	陈廷煊
	138	买办史话	潘君祥	顾柏荣
	139	四大家族史话	江绍贞	
	140	汪伪政权史话	闻少华	
	141	伪满洲国史话	齐福霖	
近代经济生活系列（17种）	142	人口史话	姜 涛	
	143	禁烟史话	王宏斌	
	144	海关史话	陈霞飞	蔡渭洲
	145	铁路史话	龚 云	
	146	矿业史话	纪 辛	
	147	航运史话	张后铨	
	148	邮政史话	修晓波	
	149	金融史话	陈争平	
	150	通货膨胀史话	郑起东	
	151	外债史话	陈争平	
	152	商会史话	虞和平	
	153	农业改进史话	章 楷	
	154	民族工业发展史话	徐建生	
	155	灾荒史话	刘仰东	夏明方
	156	流民史话	池子华	
	157	秘密社会史话	刘才赋	
	158	旗人史话	刘小萌	

系列名	序号	书　名	作　者	
近代中外关系系列（13种）	159	西洋器物传入中国史话	隋元芬	
	160	中外不平等条约史话	李育民	
	161	开埠史话	杜　语	
	162	教案史话	夏春涛	
	163	中英关系史话	孙　庆	
	164	中法关系史话	葛夫平	
	165	中德关系史话	杜继东	
	166	中日关系史话	王建朗	
	167	中美关系史话	陶文钊	
	168	中俄关系史话	薛衔天	
	169	中苏关系史话	黄纪莲	
	170	华侨史话	陈　民	任贵祥
	171	华工史话	董丛林	
近代精神文化系列（18种）	172	政治思想史话	朱志敏	
	173	伦理道德史话	马　勇	
	174	启蒙思潮史话	彭平一	
	175	三民主义史话	贺　渊	
	176	社会主义思潮史话	张　武　张艳国	喻承久
	177	无政府主义思潮史话	汤庭芬	
	178	教育史话	朱从兵	
	179	大学史话	金以林	
	180	留学史话	刘志强　张学继	
	181	法制史话	李　力	
	182	报刊史话	李仲明	
	183	出版史话	刘俐娜	

系列名	序号	书　名	作　者
近代精神文化系列（18种）	184	科学技术史话	姜　超
	185	翻译史话	王晓丹
	186	美术史话	龚产兴
	187	音乐史话	梁茂春
	188	电影史话	孙立峰
	189	话剧史话	梁淑安
近代区域文化系列（一种）	190	北京史话	果鸿孝
	191	上海史话	马学强　宋钻友
	192	天津史话	罗澍伟
	193	广州史话	张　苹　张　磊
	194	武汉史话	皮明麻　郑自来
	195	重庆史话	隗瀛涛　沈松平
	196	新疆史话	王建民
	197	西藏史话	徐志民
	198	香港史话	刘蜀永
	199	澳门史话	邓开颂　陆晓敏　杨仁飞
	200	台湾史话	程朝云

《中国史话》主要编辑
出版发行人

总　策　划　　谢寿光　　王　正

执行策划　　杨　群　　徐思彦　　宋月华

　　　　　　　梁艳玲　　刘晖春　　张国春

统　　筹　　黄　丹　　宋淑洁

设计总监　　孙元明

市场推广　　蔡继辉　　刘德顺　　李丽丽

责任印制　　岳　阳